Stephen Cottrell, Steven Croft, John Finney, Felicity Lawson, Robert Warren

EMMAUS

Auf dem Weg des Glaubens

Kursbuch 1: Basiskurs

Was Christen glauben
Wie Christen im Glauben wachsen
Als Christ im Alltag leben

Herausgegeben von Michael Herbst
Übersetzt von Sabine Gossens
Illustrationen von Richard Warren

Aussaat Verlag

EMMAUS

The Way of Faith

Stage 2: NURTURE. A fifteen session course for growing Christians

First published 1996 by The National Society/Church House Publishing and
The Bible Society

Second impression 1998

EMMAUS: Auf dem Weg des Glaubens, Kursbuch 1: Basiskurs, hg. von Michael Herbst,
Übersetzung: Sabine Gossens

Umschlaggestaltung: H. Namislow unter Verwendung graphischer Elemente
von Leigh Hurlock

Gesamtherstellung: Fuck Druck, Koblenz

ISBN 3-7615-5248-3

Printed in Germany

Vorwort

Emmaus: Auf dem Weg des Glaubens will Menschen zum Glauben einladen und sie ermutigen, lebendige Glieder einer Gemeinde zu werden. Das missionarische Konzept orientiert sich am Beispiel Jesu, wie wir es in der Geschichte von den Emmaus-Jüngern (Lukas 24,13-35) beschrieben finden: Wie Jesus ihnen begegnet, wie er sie begleitet, zum Glauben einlädt und damit zur Jüngerschaft anleitet.

Emmaus: Auf dem Weg des Glaubens ermöglicht Gemeinden:

- Ihr Leben am Missionsbefehl Jesu auszurichten.
- Beziehungen zu den Menschen außerhalb der Gemeinde aufzubauen.
- Suchende Menschen auf ihrem Weg zum Glauben zu begleiten.
- Neuen Christen zu helfen im Glauben zu wachsen.

Emmaus: Auf dem Weg des Glaubens entstammt nicht einer einzigen christlichen Tradition. *Emmaus: Auf dem Weg des Glaubens* ist jedoch entscheidend geprägt worden durch das in jüngster Zeit wieder neu aufgebrochene Interesse am Erwachsenenkatechumenat als Wegbegleitung zum Glauben. Ursprünglich war der Katechumene jemand, der in den wesentlichen Dingen des christlichen Glaubens unterrichtet wurde. Heute ist das Katechumenat ein Prozess. In der Begegnung mit dem lebendigen Christus durch seinen Leib, die Gemeinde, erfährt der suchende Mensch Begleitung, Anleitung im Glauben und schließlich Veränderung seines Lebens.

Inhalt

Vorwort 3

Kursbuch 1: Basiskurs 15

Wer zum ersten Mal einen Emmaus-Basiskurs zu leiten hat, fängt hier an 17

Das Zustandekommen der Gruppe planen – Einige Fragen und Antworten 18
Wer wird kommen? 18
Wer soll die Gruppe leiten? 19
Wo und wann soll der Kurs stattfinden? 19
Wie wird die Gemeinde einbezogen? 20
Welche Verbindung hat der Kurs zum gottesdienstlichen Leben der Gemeinde? 20
Wie soll der Kurs genannt werden? 21
Wie soll zu dem Kurs eingeladen werden? 21
Wie geht es nach dem Kurs weiter? 22

Die Kursabende vorbereiten und leiten 22

Die Grundbausteine für einen Kursabend 23
Lehreinheiten geben 23
Feste Kleingruppen 24
Wie eine Gruppe zusammenwächst 24
Gemeinsames Gebet 24
Kontakte außerhalb der Kurstreffen 24
Unterstützung für die Leitenden 25
Quellenmaterial für die Leitenden 25
Grundkurs des Glaubens für Einzelne 26

Themenblock 1: Was Christen glauben

1. Worauf es ankommt: Gott begegnet uns 29

Einführung 29
Erstes Kennenlernen 29
Persönliche Erfahrungen auf dem Glaubensweg (Ein Zeugnis) 30
Einleitende Erklärungen zum Kurs und einige Grundregeln 30
Eine Pause für Gesprächsgruppen 31
Gibt es Gott wirklich? 31

Gesprächsgruppen 31
„Ich glaube an Gott" 32
Zeit für Fragen 32
Zeit zur Begegnung 33
Übersicht und Zeitplan 33

2. Wir brauchen Gott in unserem Leben. Gute Gründe 34
Einführung 34
Kindheitserinnerungen 34
Persönlicher Bericht (Ein Zeugnis) 34
Das Gleichnis vom verlorenen Sohn 34
Gesprächsgruppen 35
Warum brauchen wir Gott? 35
Zeit für Fragen 35
Aussagen bündeln 36
Übersicht und Zeitplan 36

3. Jesus von Nazareth. Leben, Leiden und Sterben 37
Einführung 37
Begrüßung und Zeugnis 37
Was wissen Sie über Jesus? 37
Wer ist Jesus? 38
Gesprächsgruppen 38
Zeit für Fragen 38
Das Kreuz wirft seinen Schatten voraus 38
Die Passionsgeschichte 39
Abschluss des Abends 39
Übersicht und Zeitplan 39

4 Wie der Stein ins Rollen kam. Jesus ist auferstanden! 40
Einführung 40
Rückblick auf die letzte Einheit 40
Warum musste Jesus sterben? – Die Bedeutung des Kreuzes 40
Gesprächsgruppen und Zeit in der Gesamtgruppe 40
Und so kam der Stein ins Rollen – Das historische Zeugnis der Auferstehung 41
Gesprächsgruppen 41
Was bedeutet die Auferstehung Jesu? 41
Übersicht und Zeitplan 42

5. Sie werden begeistert sein. Der Heilige Geist .43
Einführung .43
Begrüßung und Zeugnis .43
Erfahrungen mit dem Heiligen Geist .44
Die Verheißung des Heiligen Geistes .44
Wie wirkt der Heilige Geist in unserem Leben? .45
Gesprächsgruppen .45
Zeit für Fragen in der Gesamtgruppe .45
Einige Fragen und Antworten .45
Ausblick .46
Übersicht und Zeitplan .46

6. Wie man den ersten Schritt tut. Vom Christ-Werden .47
Einführung .47
Begrüßung und Zeugnis .47
Meine Glaubensreise .48
Gesamtgruppe .48
Was ist ein Christ? .48
Die frohe Botschaft der Christen .48
Gesprächsgruppen und Plenum .49
Wie werde ich Christ? .49
Abschluss des Abends .50
Zeit zur Begegnung .50
Übersicht und Zeitplan .50
Einzelgespräche im Anschluss an Einheit 6 .51

Themenblock 2: Wie Christen im Glauben wachsen

Einführung .57

7. Mit Gott im Gespräch bleiben. Beten lernen .58
Einführung .58
Begrüßung, Gebet und gemeinsames Singen .59
Das Gleichnis vom Sämann .59
Einführung in Themenblock 2 .59
Gesprächsgruppen .59
Herr, lehre uns beten .60
Gesprächsgruppen .60
Täglich mit Gott im Gespräch .60
Zeit für Fragen und Gespräch im Plenum .61
Gebet in Kleingruppen .61

Gebet und Abendandacht . . . 61
Zeit zur Begegnung . . . 61
Übersicht und Zeitplan . . . 62

8. Wegweiser durch die Zeiten. Vom Umgang mit der Bibel . . . 63
Einführung . . . 63
Begrüßung und Gebet . . . 63
Meine persönliche Erfahrung mit der Bibel . . . 63
Warum ist die Bibel einzigartig? . . . 64
Ein Blick ins Alte Testament . . . 64
Ein kurzer Ausflug in die Geschichte . . . 64
Das Alte Testament erzählt . . . 64
Und nun ein Blick ins Neue Testament . . . 64
Gesprächsgruppen und Plenum . . . 65
Wie lesen wir heute die Bibel? . . . 65
Abschlussandacht . . . 65
Übersicht und Zeitplan . . . 66

9. Gemeinsam unterwegs. Ohne Gemeinde geht es nicht! . . . 67
Einführung . . . 67
Begrüßung und Gebet . . . 67
Gemeinsamer Austausch . . . 67
Wie wichtig ist es, zu einer Gemeinde zu gehören? . . . 68
Was ist die Kirche? Drei Bilder aus der Bibel . . . 68
Gesprächsgruppen und Lehreinheit . . . 68
Mittendrin geht's uns gut – Wie Christen zur Kirche gehören . . . 68
Zeit für Fragen und Gespräch im Plenum . . . 68
Mitglied der Kirche/Gemeinde werden . . . 69
Abschlussandacht . . . 69
Übersicht und Zeitplan . . . 69

10. Stärkung auf dem Weg. Abendmahl feiern . . . 70
Einführung . . . 70
Begrüßung und Gebet . . . 70
Austausch mit einem Partner . . . 71
Warum feiern wir das Abendmahl? . . . 71
Wie wir Gottesdienst feiern . . . 71
Wir bereiten die Abendmahlsfeier vor . . . 71
Der Wortgottesdienst . . . 71
Der Friedensgruß . . . 72
Der Sakramentsgottesdienst: Einsetzungsworte und Austeilung . . . 72
Möglichkeit zur persönlichen Fürbitte und Segnung . . . 72

Lieder und Schlussgebet .72
Zeit zur Begegnung und kleines gemeinsames Abendessen .72
Übersicht und Zeitplan .73

Themenblock 3: Als Christ im Alltag leben

Einführung .77

11. Mit Gott auf dem richtigen Weg .79
Einführung .79
Begrüßung und Gebet .79
Leitplanken am Abgrund – Die Zehn Gebote .79
Die Anweisungen des Herstellers – Gottes Richtlinien für unser Leben .79
Kämpfe den guten Kampf .79
Gesprächsgruppen und Zeit für Fragen .80
Weg von der schiefen Bahn .80
Richtig oder falsch .80
Gut ausgerüstet geht's voran – Glaubensprüfungen im Alltag bestehen .80
Abschlussandacht .81
Übersicht und Zeitplan .81

12. Gemeinsam im Einsatz .82
Einführung .82
Begrüßung und Gebet .82
Achtung: Hier wird gebaut! .82
Bericht von der Gruppenarbeit .82
Gottes Mannschaft – Keine Passagiere .83
Deine Gaben entdecken .83
Austauschrunde .83
Jetzt in Gottes Mannschaft mitspielen .83
Grundregeln für den Einsatz .84
Abschlussandacht .84
Übersicht und Zeitplan .84

13. Gottes Geld in unseren Händen .85
Einführung .85
Begrüßung .85
Persönlicher Austausch .85
Das Wichtigste zum Thema Geld .85
Bibelarbeit .86
Im Geben liegt Segen .86

Der Finanzhaushalt der Gemeinde 86
Geben will gelernt sein 86
Und so wird's gemach 86
Gesprächsgruppen und Fragen 86
Übersicht und Zeitplan 87

14. Gottes Liebe verändert unsere Beziehungen 88
Einführung 88
Begrüßung und Gebet 88
Du und die Deinen 88
Beziehungen: Liebe geben und Liebe annehmen 88
Bibelarbeit 88
Gute Beziehungen aufbauen/Störfaktoren in Beziehungen 89
Wenn Beziehungen scheitern 89
Gott näher kommen 89
Gesprächsgruppen und Diskussion 89
Abschlussandacht 90
Übersicht und Zeitplan 90

15. Komm geh mit mir in das Land! 91
Einführung 91
Begrüßung und Gebet 91
Austauschrunde 91
Warum sollen wir anderen vom Glauben erzählen? 91
Was wollen wir weitersagen? 91
Wie können wir andere auf den Weg zum Glauben einladen? 92
Unser persönlicher Weg zum Glauben 92
Wem kann ich vom Glauben erzählen? 92
Fragen und Antworten 92
Abschlussandacht 92
Übersicht und Zeitplan 93

Ein Schnupperabend für den Basiskurs 94

Weggefährten auf dem Weg zum Glauben 95
Warum braucht man Weggefährten? 95
Wann beginnt die Aufgabe der Weggefährten? 95
Was ist die Aufgabe der Weggefährten? 95
Wer kann Weggefährte sein? 96
Wer ernennt die Weggefährten? 97
Wann endet die Aufgabe der Weggefährten? 97

Möchte Gott Ihnen den Auftrag geben, Weggefährte auf dem Weg zum Glauben zu sein?. 98
Vorbereitungstreffen für Weggefährten 99
Übersicht und Zeitplan.. 102

Wir feiern auf dem Weg zum Glauben .103
1. Gottesdienst: Begrüßungsgottesdienst. 106
2. Gottesdienst: Vorbereitungsgottesdienst 108
3. Gottesdienst: Tauf- bzw. Tauferneuerungsgottesdienst 110
4. Gottesdienst: Die Kandidaten verpflichten sich, auf dem Weg der Nachfolge zu bleiben 112

Autoren 113

Unterlagen für die Teilnehmenden

Kopiervorlagen 115

Themenblock 1: Was Christen glauben

Symbolschlüssel. 118

1. Worauf es ankommt. Gott begegnet uns 1/1
1. Erstes Kennenlernen 1/1
2. Gibt es Gott wirklich?. 1/1
3. Gesprächsgruppen. 1/2
4. „Ich glaube an Gott“ 1/2
Psalm 8. . . . . .1/3
Schritte auf dem Weg 1/4

2. Wir brauchen Gott in unserem Leben. Gute Gründe 2/1
1. Kindheitserinnerungen 2/1
2. Das Gleichnis vom verlorenen Sohn 2/1
3. Gesprächsgruppen. 2/2
4. Warum brauchen wir Gott?. 2/2
5. Schritte auf dem Weg 2/4

3. Jesus von Nazareth. Leben, Leiden und Sterben. 3/1
1. Was wissen Sie über Jesus? 3/1
2. Wer war Jesus? 3/1
3. Gesprächsgruppen. 3/2
4. Was bedeutet das Kreuz im Lukas-Evangelium? 3/2
5. Warum musste Jesus sterben? 3/3
Schritte auf dem Weg 3/4

4. Wie der Stein ins Rollen kam. Jesus ist auferstanden! 4/1
1. Kurzer Rückblick 4/1
2. Der geschichtliche Befund zur Auferstehung 4/1
3. Gesprächsgruppen 4/3
4. Was bedeutet die Auferstehung Jesu? 4/3
5. Gesprächsgruppen 4/4
Schritte auf dem Weg. 4/4

5. Sie werden begeistert sein. Der Heilige Geist 5/1
1. Erfahrungen mit dem Heiligen Geist 5/1
2. Die Verheißung des Heiligen Geistes 5/1
3. Wie wirkt der Heilige Geist in unserem Leben?. 5/2
4. Gesprächsgruppen. 5/3
5. Einige Fragen und Antworten 5/3
Schritte auf dem Weg 5/4

6. Wie man den ersten Schritt tut. Vom Christ-Werden. 6/1
1. Meine Glaubensreise 6/1
2. Was ist ein Christ? 6/1
3. Die frohe Botschaft der Christen .6/2
4. Wie werde ich Christ? 6/3
5. Wegzehrung. 6/4
Schritte auf dem Weg 6/4
Ein Gebet, in dem wir Christus unser Leben anvertrauen. 6/4

Themenblock 2: Wie Christen im Glauben wachsen

7. Mit Gott im Gespräch bleiben. Beten lernen. 7/1
1. Das Gleichnis vom Sämann. 7/1
2. Einführung zu Themenblock 2 . . . . .7/1
3. Herr, lehre uns beten 7/2
4. Erste Schritte. 7/2
5. Gesprächsgruppen 7/2
6. Täglich mit Gott im Gespräch 7/3
7. Gemeinsam beten 7/3
Abschlussandacht 7/4
Schritte auf dem Weg. 7/4

8. Wegweiser durch die Zeiten. Vom Umgang mit der Bibel . . 8/1
1. Meine persönliche Erfahrung mit der Bibel. 8/1
2. Warum ist die Bibel einzigartig?. 8/1
3. Ein Blick ins Alte Testament 8/2
4. Ein kurzer Ausflug in die Geschichte. .8/2
5. Und nun ein Blick ins Neue Testament. 8/3
6. Wie lesen wir heute die Bibel?.. . . . . .8/3
Schritte auf dem Weg 8/4

9. Gemeinsam auf dem Weg. Ohne Gemeinde geht es nicht. . . .9/1
1. Gemeinsamer Austausch. 9/1
2. Wie wichtig ist es, zu einer Gemeinde zu gehören? 9/1
3. Was ist die Kirche? – Drei Bilder aus der Bibel 9/2
4. Gesprächsgruppen 9/2
5. Mittendrin geht‘s uns gut – Wie Christen zur Kirche gehören. . .9/2
6. Mitglied der Kirche werden 9/4
Schritte auf dem Weg.. . . . . .9/5

10. Stärkung auf dem Weg. Vom Abendmahl. 10/1
1. Gemeinsamer Austausch. 10/1
2. Warum feiern wir das Abendmahl?. 10/1
3. „Dies tut zu meinem Gedächtnis...“ 10/2
4. Die Abendmahlshandlung. 10/2
5. Ein Gottesdienst mit vielen Namen. 10/3
6. Wie wir Gottesdienst feiern. 10/3
7. Ablauf einer Abendmahlsfeier 10/4
Schritte auf dem Weg.. . . . . .10/4

Themenblock 3: Als Christ im Alltag leben

11. Mit Gott auf dem richtigen Weg bleiben 11/1
1. Leitplanken am Abgrund – Die Zehn Gebote. 11/1
2. Die Anweisungen des Herstellers beachten. 11/1
3. Kämpfe den guten Kampf 11/1
4. Weg von der schiefen Bahn 11/3
5. Richtig oder falsch 11/3
6. Gut ausgerüstet geht’s voran 11/4
Schritte auf dem Weg 11/4

12. Gemeinsam im Einsatz 12/1
1. Achtung: Hier wird gebaut!.. . . . . .12/1
2. Gottes Mannschaft – Keine Passagiere.. . . . . .12/1
3. Entdecke deine Gaben!. 12/2
4. Gemeinsamer Austausch. 12/3
5. Jetzt in Gottes Mannschaft mitspielen .12/3
6. Grundregeln für den Einsatz. 12/4
Schritte auf dem Weg.. . . . . .12/4

13. Unser Geld und unser Lebensstil 13/1
1. Persönlicher Austausch. 13/1
2. Das Wichtigste zum Thema Geld 13/1
3. Bibelarbeit. 13/2
4. Im Geben liegt Segen 13/2
5. Der Finanzhaushalt der Gemeinde. 13/3
6. Geben will gelernt sein 13/3
7. Und so wird's gemacht 13/4
Schritte auf dem Weg 13/4

14. Gottes Liebe verändert unsere Beziehungen 14/1
1. Du und die Deinen. 14/1
2. Beziehungen: Liebe geben und Liebe annehmen 14/1
3. Bibelarbeit. 14/2
4. Gute Beziehungen aufbauen 14/2
5. Störfaktoren in Beziehungen 14/3
6. Wenn Beziehungen scheitern. 14/3
7. Gott näher kommen. 14/4
Schritte auf dem Weg 14/4

15. Komm, geh mit mir in das Land! 15/1
1. Warum sollen wir anderen von unserem Glauben erzählen? 15/1
2. Was wollen wir weitersagen? 15/1
3. Wie können wir andere auf den Weg zum Glauben einladen?.. . .15/2
4. Unser persönlicher Weg zum Glauben 15/3
5. Wem können wir vom Glauben erzählen?. 15/3
Schritte auf dem Weg.. . . . . .15/4

Kursbuch 1: Basiskurs

Für die Leiterin/den Leiter

Wer zum ersten Mal einen Emmaus-Basiskurs zu leiten hat, fängt hier an:

Das Leben eines Christen ist eine Reise. Eine der wichtigsten Stationen auf dieser Reise ist erreicht, wenn ein Suchender anfängt in der Gemeinschaft mit anderen etwas über den Glauben zu erfahren. Der *Emmaus-Basiskurs* bietet Suchenden die Möglichkeit, in der Gemeinschaft mit Christen aus der Ortsgemeinde an dieser Station ihrer Glaubensreise voranzukommen. Der Kurs wurde in einer anglikanischen Gemeinde in Nordengland entwickelt und in den letzten sieben Jahren in vielen Gemeinden durchgeführt und getestet.

Der Basiskurs besteht aus 15 thematischen Einheiten. Ein gemeinsames Essen mit Gästen wird als Abschluss des Kurses vorgeschlagen. Jede thematische Einheit ist in sich abgeschlossen und so konzipiert, dass sie innerhalb eines Abends durchgenommen werden kann. Jedoch kann man die Länge des Kurses reduzieren, indem man einige der späteren Einheiten auslässt. Es ist auch möglich, den Kurs durch eigenes Material zu ergänzen oder einzelne Kapitel auf zwei Abende zu verteilen. Man kann die verschiedenen Teile des Kurses auch in Blöcken über ein Jahr verteilen.

Dies sind die 15 thematischen Einheiten:

Themenblock 1: Was Christen glauben

1 Worauf es ankommt: Gott begegnet uns.
2 Wir brauchen Gott in unserem Leben. Gute Gründe.
3 Jesus von Nazareth. Leben, Leiden und Sterben.
4 Wie der Stein ins Rollen kam. Jesus ist auferstanden.
5 Sie werden begeistert sein. Der Heilige Geist.
6 Wie man den ersten Schritt tut. Vom Christwerden.

Themenblock 2: Wie Christen im Glauben wachsen

7 Mit Gott im Gespräch bleiben. Beten lernen.
8 Wegweiser durch die Zeiten. Vom Umgang mit der Bibel.
9 Gemeinsam unterwegs. Ohne Gemeinde geht es nicht.
10 Stärkung auf dem Weg. Abendmahl feiern.

Themenblock 3: Als Christ im Alltag leben

11 Mit Gott auf dem richtigen Weg.
12 Gemeinsam im Einsatz.
13 Gottes Geld in unseren Händen.
14 Gottes Liebe verändert unsere Beziehungen.
15 Komm, geh mit mir in das Land!

Der Kurs ist so aufgebaut, dass Menschen, die noch nichts vom Glauben wissen, ihren Platz im Leben der Gemeinde finden können. Man braucht nicht viel, um diesen Kurs durchführen zu können: lediglich einen Raum, einige Leiter und genügend Kopien der Materialien für die Teilnehmenden. Jede Gemeinde kann dies bereitstellen. So können wenigstens einmal im Jahr die Menschen, die mit der Gemeinde in Kontakt kommen, mehr über den Glauben erfahren. In vielen Gemeinden kommen Menschen heute durch solche Kurse zum Glauben, durch Gruppen, in denen der Glaube entdeckt und gelehrt wird und Beziehungen untereinander vertieft werden.

Das Zustandekommen der Gruppe planen – Einige Fragen und Antworten

Eine Gruppe, die auf den Weg zum Glauben geführt werden soll, muss gut im Voraus geplant werden. Man braucht mindestens eine Vorbereitungszeit von drei Monaten, bis die erste Gruppe starten kann. Die Planung ist letztlich ein Glaubensschritt: Warten Sie nicht, bis Sie zwölf Interessierte zusammen haben. Konzentrieren Sie sich besser darauf, wie Sie Interessierten helfen können, den Schritt zur Teilnahme zu wagen. Beginnen Sie die Vorbereitung der Gruppe im Gebet und im Vertrauen, dass Gott Sie zum rechten Zeitpunkt in Kontakt mit den Menschen bringt. Die Person oder das Team, die/das die Gruppe vorbereitet, sollte folgende Fragen bedenken:

- Wer soll die Gruppe leiten?
- Wo und wann soll der Kurs stattfinden?
- Wie wird die Gemeinde einbezogen?
- Welche Verbindung hat der Kurs zum gottesdienstlichen Leben der Gemeinde?
- Wie soll der Kurs genannt werden?
- Wie soll zu dem Kurs eingeladen werden?
- Wie geht es nach dem Kurs weiter?

Wer wird kommen?

Der Kurs wird am besten für drei Personengruppen angeboten: für am Glauben interessierte Menschen, für neu zum Glauben gekommene Menschen und für „alte Hasen“ der Gemeinde, die sich eine Auffrischung ihrer Glaubensgrundlagen wünschen.

Sie sollten bei der Planung auch besonders darüber nachdenken, wie die Gemeinde Fernstehende, die am Glauben interessiert sind, erreichen kann. Anregungen dazu finden Sie im Emmaus-Handbuch (Teil C: „Kontakte“).

Die Gruppe muss eine gewisse Mindestgröße haben, damit ein Gemeinschaftsgefühl entstehen kann und damit die Teilnehmer untereinander Beziehungen aufbauen können.

- Sechs Teilnehmer sind eine gute Mindestgröße, obwohl auch kleinere Gruppen unter bestimmten Voraussetzungen funktionieren können.
- Sie werden feststellen, dass Sie in der Gesamtgruppe mit bis zu zehn Personen arbeiten können, wenn Sie die Gruppe für Gesprächsphasen in kleinere Austauschgruppen aufteilen.
- Gruppen mit mehr als zehn Teilnehmern werden in der Regel besser in Untergruppen von vier oder fünf Personen einschließlich eines Leiters aufgeteilt. Diese Kleingruppen sollen in ihrer Zusammensetzung gleich bleiben, damit Beziehungen wachsen können. Die Lehrphasen (Input) können in der Gesamtgruppe gehalten werden, Austausch- und Diskussionsphasen sollten jedoch in den Kleingruppen stattfinden.

Wer soll die Gruppe leiten?

Für die Durchführung eines Kurses braucht man mindestens einen Leiter, der sich im christlichen Glauben genug auskennt, um jede Woche die Lehreinheiten halten zu können. Außerdem muss er auf unterschiedliche Fragen der Teilnehmer eingehen können und die Gruppe als Ganzes im Blick haben. Nach Paulus ist es Aufgabe der „Baumeister" (1. Korinther 3,10), die Grundlagen für den christlichen Glauben zu legen. Diese Aufgabe werden meistens die Pastoren übernehmen, möglicherweise aber auch begabte und ausgebildete Laienprediger oder Gemeindereferenten (Diakone). In jedem Fall sollte jede Gemeinde ihre allerbesten Lehrer und Leiter einsetzen. Außerdem ist zu bedenken, dass, wie bei jeder Aufgabe oder jedem Dienst, die Übung den Meister macht. Deshalb sollten Kursleiter die Möglichkeit haben, sich in diesem Aufgabenbereich zu spezialisieren und über einen längeren Zeitraum Gruppen zu leiten.

Falls der Pastor oder die Pastorin nicht die Gruppe leitet, muss er oder sie im engen Kontakt (einmal pro Woche) mit den jeweiligen Leiterinnen und Leitern stehen, und zwar sowohl während der Vorbereitungszeit als auch während des Kurses, um Anleitung und Unterstützung anzubieten.

Neben denen, die leiten, braucht die Gruppe auch Mitarbeitende. Ihre Aufgabe ist es, die Teilnehmenden kennen zu lernen, für sie zu beten und die Austauschgruppen oder Kleingruppen zu leiten. Wir empfehlen, selbst für die kleinste Gruppe einen Leiter und zwei Mitarbeitende einzuplanen und zusätzliche Mitarbeitende für je vier Teilnehmer.

Mitarbeitende sollten selbst im christlichen Glauben gefestigt sein, müssen aber nicht vor der ganzen Gruppe sprechen oder sie unterrichten können.

Wo und wann soll der Kurs stattfinden?

Die meisten Gruppen werden am Abend stattfinden. Natürlich können auch tagsüber Kurse angeboten werden, besonders wenn gleichzeitig eine Kinderbetreuung möglich ist. In jedem Fall ist ein wöchentliches Zusammentreffen der beste Rhythmus. Trifft man sich nur vierzehntäglich, dann brauchen die Teilnehmenden länger, um sich kennen zu lernen. Die einzelnen Treffen sollten zwischen eineinhalb bis zwei Stunden dauern, einschließlich eines lockeren Ausklangs mit Getränken. Die Anfangszeiten werden am besten vor Ort festgelegt.

Es ist wichtig, dass ein Raum gefunden wird, der ohne Schwierigkeiten zugänglich ist und in dem die Teilnehmenden sich wohl fühlen. Manche Gemeinden werden zentral gelegene Räumlichkeiten haben, die geeignet sind. In anderen Gemeinden müssen sich die Gruppen vielleicht bei jemandem zu Hause treffen (dies kann die Größe der Gruppe einschränken). Menschen fühlen sich zwar an einem neutralen Ort ungezwungener als in Privatwohnungen oder -häusern; für eine Gruppe aber, in der auch Anbetung und Gebet vorkommen, ist es besser, z.B. in einem Gemeindehaus oder Privathaus zu sein als in einem Restaurant oder Schulgebäude. Letztere eignen sich eher für einen „Schnupperabend“ für Interessierte, wie er im Handbuch (Teil C: Kontakte) vorgestellt wird.

Wie wird die Gemeinde einbezogen?

In einem Emmaus-Kurs wird der Missionsauftrag, den die ganze Gemeinde gegenüber suchenden Menschen und neuen Christen hat, in zentraler Weise wahrgenommen. Ein solcher Kurs ist also nicht eine Randerscheinung der Gemeinde und kann daher nur mit der Zustimmung und in der Verantwortung der Gemeindeleitung (Presbyterium bzw. Kirchengemeinderat) begonnen und durchgeführt werden. Außerdem ist eine Unterstützung im Gebet entscheidend für die Arbeit in den Kursen. Das Vorankommen der Teilnehmer auf ihrem Weg des Glaubens sollte ein regelmäßiges Anliegen im Fürbittengebet der gottesdienstlichen Gemeinde und einzelner Gemeindeglieder sein.

Weil der Weg in den christlichen Glauben am besten als eine „Reise in Begleitung“ zu sehen ist, werden viele Gemeinden es hilfreich oder sogar notwendig finden, *Weggefährten* bei den wöchentlichen Kurstreffen mit einzubeziehen. Jeder Kursteilnehmer, der auf dem Weg zum Glauben ist, kann dann von einem im Glauben gefestigten Gemeindeglied unterstützt werden. Die Aufgabe eines solchen Weggefährten kann Folgendes beinhalten: Mitwirken in den Gottesdiensten, die im Verlauf des Kurses stattfinden, regelmäßiges Gebet für die zu begleitende Person, gemeinsames Besuchen des Kurses mit dieser Person und darüber hinaus den Aufbau einer freundschaftlichen Beziehung zu dem suchenden Menschen (Näheres zum Stichwort „Weggefährten“ finden Sie im Handbuch).

Welche Verbindung hat der Kurs zum gottesdienstlichen Leben der Gemeinde?

Der Wunsch nach einer Verbindung des Kurses mit den Gottesdiensten der Gemeinde wird, je nach Gemeinde, unterschiedlich sein. Einigen Gemeinden wird es ausreichen, wenn die Teilnehmenden, die zum Glauben kommen, diesen Schritt in einem Tauf- oder Tauferneuerungsgottesdienst zum Ausdruck bringen. Jedoch ist es oft hilfreich, auch andere Stationen der Reise durch einen besonderen Gottesdienst in der Gesamtgemeinde zu markieren. Vorschläge für wegbegleitende Gottesdienste sind am Ende dieses Kursbuches zusammengestellt.

Wie soll der Kurs genannt werden?

Sie müssen darüber nachdenken, wie Sie den Kurs in Ihrer Gemeinde nennen wollen. Es sollte eine Bezeichnung sein, mit der auch Fernstehende etwas anfangen können. Der Name *Emmaus*-Kurs wird für Menschen außerhalb der Kerngemeinde bedeutungslos sein und muss zumindest ergänzt werden durch den Hinweis, dass es sich um einen Einführungskurs in den christlichen Glauben handelt. Der ursprüngliche Kurs, der durch dieses Material weiterentwickelt wird, hatte den Namen „Christians for Life" (Christen für das Leben).

Wie soll zu dem Kurs eingeladen werden?

Eine gute, einfache, aber wirkungsvolle Werbung ist notwendig. Der Kurs muss im Gottesdienst angekündigt werden. Außerdem sollte im Gemeindebrief oder vergleichbaren Mitteilungsblättern und auf Anschlagtafeln der Gemeinde zu dem Kurs eingeladen werden. Dennoch wird die Gruppe letztlich nur durch persönliche Einladungen an die, die man für den Kurs im Auge hat, zustande kommen. Wenn Sie eine Einladung zu dem Kurs aussprechen, ist es gut, Folgendes zu berücksichtigen:

- Die Person, welche die Einladung weitergibt, sollte bereits mit dem am Kurs Interessierten im Kontakt stehen.
- Geben Sie den betreffenden Personen immer die Chance, „Nein" oder „Jetzt noch nicht" zu sagen. Geben Sie ihnen Zeit, die Entscheidung zu überdenken, und die Möglichkeit, sie später noch einmal darauf anzusprechen.
- Versuchen Sie Ängste und Vorbehalte bei den Eingeladenen abzubauen. Erklären Sie genau, wie die Kurstreffen ablaufen, dass die Teilnehmer nicht vor der ganzen Gruppe sprechen müssen (abgesehen von der Vorstellungsrunde am ersten Abend) und dass sie sich nicht blamieren, wenn sie keine Vorkenntnisse haben.
- Erklären Sie, warum ein Kurs in dieser Länge wichtig ist. Wenn man als Erwachsener etwas über den christlichen Glauben lernen will, braucht dies Zeit, genau wie andere Dinge in der Erwachsenenbildung. Sie können darauf hinweisen, wie lange es dauert, Autofahren zu lernen oder eine Fremdsprache in Abendkursen zu erlernen.
- Möglicherweise gibt es praktische Hinderungsgründe, wie z.B. die Anfahrt oder die Notwendigkeit eines Babysitters. Können hier vielleicht andere Gemeindemitglieder helfen?

– Üben Sie nie Druck auf jemanden aus, damit er an einem Kurs teilnimmt. Es ist in jedem Fall besser, eine kleine Gruppe von Teilnehmenden zu haben, die wirklich interessiert sind, als eine große Gruppe desinteressierter Menschen, die nur überredet wurden.

– Wenn der Kursleiter nicht selbst die Einladung weitergibt, sollte einer der Leiter die eingeladene Person vor Kursbeginn noch besuchen oder mit ihr sprechen.

Eine gute Möglichkeit, um eine Gruppe zusammenzubekommen, ist ein „Schnupperabend". Zu einem solchen Abend kann man einige Wochen, bevor der Kurs beginnt, einladen. Hierfür können die unterschiedlichsten Kontakte genutzt werden (z.B. Taufen, Beerdigungen, Familiengottesdienste, Kontakte zu Freunden von Gemeindegliedern). Über diese Kontakte können Menschen zu einem einfachen Abendessen eingeladen werden, an das sich eine kurze Präsentation über den christlichen Glauben und den nächsten Emmaus-Kurs anschließt. Häufig lassen sich Menschen lieber zu einem Abend einladen, als sich gleich für 15 Wochen zu verpflichten. Wenn Emmaus-Kurse in einer Gemeinde erst einmal zum laufenden Programm gehören, können solche „Schnupperabende" von den Teilnehmenden des jeweils vorausgehenden Kurses vorbereitet und durchgeführt werden.

Wie geht es nach dem Kurs weiter?

Auf diese Frage müssen Sie vor dem ersten Treffen einige Antworten vorschlagen können. Die Teilnehmenden eines Basiskurses brauchen nach dem Kurs ein Angebot, um im Glauben weiter lernen und wachsen zu können. Die beste Möglichkeit hierfür ist eine weiterführende Gruppe in der Gemeinde. Das Emmaus-Kursprogramm bietet weiterführendes Material (Kursbuch 2, 3...) für solche Gruppen, welches an den Basiskurs anknüpft. Häufig ist es eine Hilfe, wenn die Gruppen mit einem der Mitarbeitenden weitergeführt werden können. Näheres hierzu finden Sie im Handbuch (Teil A: Einführung in das „Emmaus-Programm"). Sie müssen sich außerdem Gedanken machen über den rechten Zeitpunkt für den nächsten Basiskurs. Soll er in drei oder sechs Monaten stattfinden? Oder nächstes Jahr? Oder brauchen Sie einen zweiten Kurs schon, bevor dieser Kurs endet?

Die Kursabende vorbereiten und leiten

In diesem Kursbuch finden Sie detaillierte Vorbereitungshilfen für jedes Treffen. Sie müssen im Voraus planen, wie Sie das Material dieses Kursbuches durchnehmen wollen. Es ist hilfreich, wenn Sie sich zu folgenden Punkten im Voraus Gedanken machen:

Die Grundbausteine für einen Kursabend

An jedem der Abende werden Sie verschiedene Lern- und Gruppensituationen anbieten, damit die Teilnehmer möglichst gute Lernerfahrungen machen und sich eine gute Gruppenatmosphäre bilden kann. Ein Kursabend kann aus acht verschiedenen Elementen bestehen:

- Beiträge einzelner Teilnehmer
- Kleine Arbeitsaufgaben (meist für die Kleingruppe)
- Austauschgruppen
- Lehreinheiten („Input")
- Diskussion und Fragen in der Gesamtgruppe
- Bibelstudium
- Filme
- Getränke und Gespräche

Vier dieser Bausteine werden an jedem Abend vorkommen: Austauschgruppen, Lehreinheiten, Fragen und Diskussion in der Gesamtgruppe sowie ein lockerer Ausklang. Einige Elemente werden nur an manchen Abenden eingesetzt werden. Die Grundstruktur für einen Kursabend ist ein Vorschlag für den möglichen Ablauf und kann je nach den Gegebenheiten vor Ort variiert werden.

Lehreinheiten geben

Gruppen dieser Art brauchen gute und verständliche Lehre über die Grundlagen des Glaubens. Sie werden feststellen, dass die Länge der Lehreinheiten in dem Maße abnimmt, in dem die Gruppe zusammen wächst und gesprächsfähiger wird. Eine Ausarbeitung der Lehreinheiten finden Sie weiter hinten in diesem Kursbuch.

Wenn Sie sich auf diese Lehreinheiten vorbereiten, ist es gut, einiges an Hintergrundinformation zu den Themen zu lesen. Erarbeiten Sie sich eine klare Struktur für das, was Sie sagen wollen, und erklären Sie es so anschaulich wie möglich. Sprechen Sie nicht zu lange. Zwei kürzere Lehreinheiten sind meistens besser als eine lange. Wenn Sie einen Grundkurs des Glaubens dieser Art zum ersten Mal leiten, bitten Sie Ihre Mitarbeiter um konstruktive Kritik und Ermutigung nach jedem Treffen. Besprechen Sie, was gut lief und was noch verbessert werden muss.

Feste Kleingruppen

Die oben vorgestellte Grundstruktur geht von einer Gruppe von ungefähr zehn Teilnehmenden aus, die spontan zusammengesetzte Austauschgruppen bilden. Wenn Sie, wie oben vorgeschlagen, größere Gruppen während eines Abends in feste Kleingruppen aufteilen, müssen Sie das Material dieser Situation anpassen, damit der Input konzentriert zu Beginn des Treffens (im

Anschluss an die Einstiegsrunde) in der Gesamtgruppe gegeben werden kann. Ebenso sollte die Gruppe am Ende wieder zum Gespräch und zur Gruppenaufgabe versammelt werden.

Wie eine Gruppe zusammenwächst

Eines Ihrer Ziele sollte sein, dass die Teilnehmenden, die sich am ersten Abend noch nicht kennen, im Laufe des Kurses eine freundschaftliche Beziehung zueinander aufbauen. Das Gemeinschaftsgefühl wird in der Gruppe zunächst nur langsam wachsen (ungefähr bis zur zehnten Woche). Danach wird es sich spürbar von Woche zu Woche vertiefen. Aus diesem Grund sind länger dauernde Kurse wertvoller. Der Gruppenprozess hin zu freundschaftlichen Beziehungen wird dadurch in Gang gesetzt, dass die Teilnehmenden einander von sich erzählen. Dazu wird während des ganzen Basiskurses immer wieder Gelegenheit gegeben, besonders aber in den ersten Wochen.

Gemeinsames Gebet

Im Idealfall sollte auch die Fähigkeit zum gemeinsamen Gebet im Verlauf des Kurses in dem Maße wachen, wie die Teilnehmer im Glauben wachsen und sich untereinander besser kennen lernen. Es bedarf im Bezug auf das Gebet in der Gruppe größerer Sensibilität als in irgendeinem anderen Bereich der Gruppenleitung. Jede Gruppe ist anders, selbst innerhalb einer Gemeinde. Anregungen zum Gebet und zu Anbetungszeiten werden hier in Grundzügen gegeben, müssen aber noch der jeweiligen Situation angepasst werden.

Der Kurs, so wie er hier ausgearbeitet wurde, schlägt vor, die ersten sechs Treffen mit einem einfachen gesprochenen Gebet zu beginnen und zu beenden. Dieses Gebet wird in der Regel vom Leiter oder von den Mitarbeitern gesprochen. Vom siebten Treffen an werden auch andere Formen eingeführt, dazu gehört das gemeinsame Singen, das Meditieren von Bibelstellen, offene Gebetsgemeinschaften usw. Die zehnte Einheit, in der es um das Abendmahl geht, kann wie ein kleiner Gottesdienst in der Gruppe gefeiert werden. Weitere Ideen und Vorschläge zur Gebetseinübung kann man anderen Quellen entnehmen und aus dem weiterführenden Emmaus-Kursmaterial.

Kontakte außerhalb der Kurstreffen

Das Konzept des Emmaus-Kurses geht davon aus, dass die Leiter und Mitarbeiter mit den Teilnehmenden auch außerhalb der Kurstreffen im Kontakt stehen, so z.B. durch Gespräche bei Gemeindeveranstaltungen, Anrufe und Besuche zu Hause. An folgenden Punkten des Kurses ist es besonders wichtig, mit den Teilnehmern zu sprechen:

– Innerhalb der ersten 14 Tage sollte man nachfragen, wie die Teilnehmenden mit dem Kurs zurechtkommen.

- Nach dem sechsten Abend ist ein ausführliches Gespräch über eine persönliche Entscheidung für Christus und möglicherweise auch ein Gebet mit dem Betreffenden wichtig.
- In den letzten zwei bis drei Wochen sollte besprochen werden, wie es nach dem Kurs weitergehen soll.
- Wenn gottesdienstliche Ereignisse bevorstehen (Taufe, Tauferneuerung, erstes Bekenntnis zum Glauben), ist ein persönliches Gespräch ebenfalls hilfreich.

Wenn möglich, sollten die jeweiligen Weggefährten der Teilnehmenden an diesen Kontaktstellen mit einbezogen werden. Denken Sie daran, dass bestimmte Einheiten des Kurses auch seelsorgliche Fragen aufwerfen, die mit manchen Teilnehmenden außerhalb der Kurstreffen besprochen werden müssen. Häufig wird es auch wichtig sein, mit einzelnen Teilnehmenden zu beten.

Unterstützung für die Leitenden

Eine Emmaus-Gruppe zu leiten ist eine besondere Chance für den Dienst an suchenden Menschen. Es ist jedoch auch eine Herausforderung in Bezug auf die Vorbereitung, die Durchführung der Treffen und die Begleitung der Teilnehmenden. Denken Sie als Leiter im Vorfeld darüber nach, wie Sie in dieser Zeit sich gegenseitig unterstützen können und wie die Gemeinde für Sie sorgen, Sie ermutigen und für Sie beten kann.

Quellenmaterial für die Leitenden

Sie brauchen jeweils ein Exemplar dieses Kursbuches für jeden der Mitarbeiter. Die Unterlagen für die Teilnehmenden müssen für jeden im Voraus kopiert werden. Mit dem Erwerb dieses Handbuches ist die Genehmigung des Verlags verbunden, die Unterlagen zu kopieren, die Sie zu jeder thematischen Einheit jedem Teilnehmenden aushändigen. In den meisten Gemeinden wird es am besten laufen, wenn Sie die Kopien von Woche zu Woche aushändigen. Vielleicht möchten Sie den Teilnehmenden einen Schnellhefter mitgeben; Sie können die Kopien auch bei einem Copyshop spiralheften lassen.

Außerdem ist es hilfreich, wenn man den Teilnehmenden (für die thematischen Einheiten 2, 3 und 4) einzelne Exemplare des Lukasevangeliums geben kann und wenn Bibeln mit übereinstimmenden Seitenzahlen zur Verfügung stehen.

In manchen Einheiten wird der Einsatz von Videos vorgeschlagen (der Film *Jesus von Nazareth* z.B.). Diese Filme können Sie vielleicht anschaffen oder ausleihen.

Für die Vorbereitung der Lehreinheiten werden Sie bei einigen Themen etwas nachlesen wollen.

Grundkurs des Glaubens für Einzelne

Manchmal ist es einzelnen Personen nicht möglich, an einem Grundkurs des Glaubens teilzunehmen. Vielleicht haben Sie auch in Ihrer Gemeinde zunächst nicht die Möglichkeit, einen Kurs zu beginnen. In einer sehr kleinen Gemeinde finden sich womöglich nicht genug Interessenten, so dass selbst eine kleine Gruppe nicht zustande kommt. Manchmal ist es einzelnen Personen auch aus beruflichen oder familiären Verpflichtungen oder aus gesundheitlichen Gründen nicht möglich, zu der Zeit zu kommen, in der der Kurs stattfindet. Eine andere Person wird möglicherweise in einem Hauskreis Christ. In einem solchen Fall ist es für den Betreffenden (und die Gruppe) unter Umständen besser, wenn er/sie in dem jeweiligen Hauskreis bleibt, anstatt zu einem Emmaus-Basiskurs zu kommen.

Unter den beschriebenen Umständen ist es möglich, das Emmaus-Kursmaterial der Situation anzupassen und als „Grundkurs des Glaubens von Mensch zu Mensch" zu verwenden. In diesem Fall müssen Sie jemanden finden, der schon seit längerem Christ ist, vorzugsweise gleichen Geschlechts und von gleichem sozialem Hintergrund, um für den am Glauben Interessierten ein Partner zu sein, der in Glaubensfragen weiterhelfen kann. Diese beiden Personen sollten sich dann etwa vierzehntägig für jeweils eine Stunde treffen, um gemeinsam das Kursmaterial durchzugehen und auftretende Fragen zu besprechen. Wenn der Basiskurs abgeschlossen ist, könnte man die Häufigkeit der Treffen reduzieren und bei den weiteren Zusammentreffen gemeinsam die Bibel lesen oder ein geeignetes Buch zum Thema „Nachfolge".

Themenblock 1:
Was Christen glauben

1.
Worauf es ankommt: Gott begegnet uns

Einführung

Der erste Abend eines Basiskurses ist nie leicht zu leiten, da eine Gruppe von Menschen, die sich noch fremd sind, zusammenkommt. Vielleicht wissen Sie auch noch nicht genau, wer kommt, und die Leute, die kommen, sind möglicherweise noch stärker als Sie selbst voller nervöser Erwartung. Hier sind besondere Vorbereitung und Gebet gefragt.

Es ist wichtig, dass Sie und die Mitarbeitenden mindestens 30 Minuten vor Beginn an Ort und Stelle sind. Beten Sie gemeinsam und gehen Sie den Abend noch einmal durch, so dass jeder sicher weiß, wofür er oder sie verantwortlich ist. Kontrollieren Sie, ob alles da ist, was Sie an dem Abend brauchen. Gestalten Sie den Raum sorgfältig und treffen Sie Vorbereitungen für die Getränkepause. Stellen Sie lieber etwas zu wenig Stühle bereit als zu viele. Absprachen über Mitfahrmöglichkeiten zum ersten Kursabend sollten Sie bereits getroffen haben.

Wenn die ersten Teilnehmenden eintreffen, sollten die Leitenden sie begrüßen und sich mit ihnen unterhalten, um sie etwas kennen zu lernen. Wenn möglich, stellen Sie die Teilnehmenden untereinander vor. Manche der Teilnehmenden kommen wahrscheinlich recht früh und andere einige Minuten zu spät. In solch einem Fall ist es gut, wenn Sie schon mal Getränke anbieten. Falls Ihnen eine gemeindeeigene Leihbücherei oder ein Büchertisch zur Verfügung steht, können Sie etwas zum Anschauen bereitlegen.

Erstes Kennenlernen

Beginnen Sie so pünktlich wie möglich, indem Sie die Gäste herzlich willkommen heißen. Leiten Sie dann das Treffen mit einem kurzen Gebet ein. Danach sollten Sie einige Hintergrundinformationen zu dem Kurs geben und erklären, was das Ziel des Kurses ist. Teilen Sie dann die kopierten Kursblätter aus. Weisen Sie außerdem darauf hin, dass ein solcher Kurs sowohl die Chance bietet, andere Menschen kennen zu lernen, als auch die Möglichkeit, mehr über den christlichen Glauben zu erfahren. Beginnen Sie dann direkt mit der Einstiegsaufgabe. Bitten Sie die Teilnehmenden, sich mit einem Gesprächspartner auszutauschen, den sie noch nicht kennen. Nach einigen Minuten stellen sich dann die Partner in der Gesamtgruppe gegenseitig vor. Für das Gespräch und die Vorstellungsrunde können die Teilnehmenden die Fragen aus den Kopiervorlagen für jede Einheit verwenden.

Manche Gäste wird es Überwindung kosten, vor der ganzen Gruppe zu sprechen. Es ist jedoch das einzige Mal, dass dies von den Teilnehmenden erwartet wird. Es ist außerdem für die meisten Menschen einfacher, eine andere Person vorzustellen, als über sich selbst zu reden.

Wenn die Teilnehmenden einen Gesprächspartner gefunden haben, können Sie nach drei bis vier Minuten „Halbzeit“ rufen, damit die Gesprächspartner die Rollen tauschen. Es wird eine Weile dauern, bis alle der Gruppe vorgestellt wurden – aber es lohnt sich, hier Zeit zu investieren. Denn durch diese Einstiegsaufgabe wird jede/r vorgestellt und jede/r muss die Hürde überwinden, vor der Gruppe zu sprechen. Nur wenn Sie den Eindruck haben, dass jemand diese Aufgabe nicht bewältigen kann, geben Sie dieser Person eine Möglichkeit, in der Vorstellungsrunde auszusetzen. Es ist gut, wenn der Leiter oder ein Mitarbeitender mit der Vorstellung beginnt und dadurch ein Beispiel gibt, dem sich die anderen Teilnehmenden anschließen können. Ziel der Runde ist, dass die Teilnehmenden auf dem gemeinsamen Weg erste kleine Entdeckungen machen. Sie werden feststellen, aus welchen Gründen die anderen den Kurs besuchen und sehen, dass dies häufig ganz ähnliche Motive wie bei ihnen selbst sind.

Persönliche Erfahrungen auf dem Glaubensweg (Ein Zeugnis)

Es ist an dieser Stelle eine große Hilfe, wenn eine Person davon berichten kann, wie ihre persönliche Reise zum Glauben verlief. Im Idealfall ist dies am ersten Abend der/die Leitende oder einer der Mitarbeitenden. Besonders wenn die Gruppe vom Pastor oder der Pastorin selbst geleitet wird, sollten die Teilnehmenden erfahren, wie er oder sie zum Glauben an Jesus Christus gekommen ist. Sie sollten wissen, dass es ein schrittweiser Prozess war, der einige Zeit dauerte (falls dies der Fall war), und dass Sie immer noch auf Ihrem Glaubensweg dazulernen. Vielleicht können Sie diesen Teil mit einem Mitarbeitenden vorher durchgehen. Länger als fünf Minuten sollte dieser Teil in der Gruppe nicht dauern.

Einleitende Erklärungen zum Kurs und einige Grundregeln

Wenn Sie nun den Kurs etwas genauer vorstellen, sollten Sie auf Folgendes hinweisen:

- Der Kurs besteht aus 15 Einheiten und ist in drei Blöcke gegliedert.
- Die Gäste nehmen aus verschiedenen Gründen am Kurs teil. Manche begleiten eine Person auf der Glaubensreise.
- Der Kurs wird regelmäßig in der Gemeinde durchgeführt. Oder: Der Kurs wird zum ersten Mal in der Gemeinde durchgeführt.

Stellen Sie dann Themenblock 1 (die ersten sechs thematischen Einheiten) des Kurses vor. Die Teilnehmer sollen wissen: In Themenblock 1 geht es um das

Gottesverständnis (Was die Christen über Gott glauben). Es geht darum, dass wir Menschen Gott brauchen. Es geht um Jesus Christus und den Heiligen Geist. Am Ende von Themenblock 1 wird es um die Frage gehen: Was ist ein Christ? Erklären Sie außerdem, dass Sie während Themenblock 1 alle Teilnehmenden als Suchende auf der Glaubensreise ansprechen, obwohl Sie wissen, dass einige schon seit vielen Jahren Christen sind.

Nehmen Sie sich auch etwas Zeit, einige Grundregeln für die Gruppe zu erklären. Es ist wirklich eine Hilfe, wenn man dies am Anfang tut. Wir schlagen folgende Grundregeln vor:

- Bitte verpflichten Sie sich zur regelmäßigen Teilnahme, und lassen Sie uns wissen, wenn Sie nicht kommen können.
- Bitte seien Sie pünktlich.
- Bitte sagen Sie ehrlich, was Sie denken, und nennen Sie uns die Fragen, die sich Ihnen stellen.

Weisen Sie darauf hin, dass es jede Woche Gelegenheit dazu geben wird, Fragen zum christlichen Glauben zu stellen.

Eine Pause für Gesprächsgruppen

Inzwischen haben die Teilnehmenden schon eine Weile zuhören müssen. Es ist daher gut, wenn Sie nun Gruppen von zwei oder drei Personen bilden und den Teilnehmenden folgende Frage für die Gruppenarbeit mitgeben:

> *„Wenn Sie morgen auf der Straße jemand anspricht und Sie fragt, ob Sie an Gott glauben und warum, was würden Sie antworten?"*

Gibt es Gott wirklich?

Greifen Sie die Gespräche aus den Austauschgruppen auf, indem Sie die Teilnehmenden bitten, ihre Antworten der Gesamtgruppe mitzuteilen. Gehen Sie dann zu einer kurzen Lehreinheit über, in der folgende Punkte deutlich werden sollten:

- Die Frage, ob Gott existiert, ist entscheidend für unser Leben.
- Die Frage nach der Existenz Gottes ist nicht *Ansichts*sache, sondern eine Frage der *Einsicht.* Entscheidend ist, dass wir die vielen Hinweise auf eine Existenz Gottes wahrnehmen.

Gesprächsgruppen

Wenn Sie die letzte Übung in Ihrer Gruppe durchgeführt haben, sind die Teilnehmenden vielleicht an dieser Stelle nicht offen für eine weitere Gesprächsphase. Dies müssen Sie in der Situation entscheiden. Es kann durchaus besser sein, jetzt zunächst den Abschnitt „Gott in seiner Schöpfung erkennen" mit der Gruppe durchzugehen, bevor Sie wieder Gruppen bilden. Falls Sie hier eine Gesprächsphase machen, bitten Sie die Teilnehmenden, sich besonders auf die dritte und vierte Frage in den Vorlagen zu konzentrieren.

„Ich glaube an Gott"

1) GOTT BEGEGNET UNS IN SEINER SCHÖPFUNG!

Nun schließt sich wieder ein Lehrteil an, in dem es um die in den Überschriften genannten Themen geht. Weil wir in einer in vieler Hinsicht künstlichen Welt leben, haben viele Menschen den Kontakt zur Natur verloren und nehmen nicht mehr wahr, wie wunderschön die Welt ist. Sie werden eine Möglichkeit finden müssen, um den Teilnehmenden diese Schönheit vor Augen zu führen. Sie können hier Videos, Dias oder Poster zu Hilfe nehmen. Wenn Sie das Wunder des Universums gemeinsam bedacht haben, können Sie übergehen zu den drei Fragen in den Unterlagen für die Teilnehmenden.

2) GOTT BEGEGNET UNS IN UNSEREM LEBEN!

Dies ist genau so wichtig wie Punkt 1. Es wird jedoch manchem Teilnehmenden nicht so leicht fallen, „wunderbare Dinge", die er in seinem eigenen Leben sieht, mitzuteilen.

Zeit für Fragen

Nach dem Input (wofür Sie ein Flipchart benutzen können) bitten Sie die Teilnehmenden, sich wieder in kleine Gesprächsgruppen aufzuteilen, um das Gehörte zu besprechen und Fragen zu sammeln. Es ist für die meisten Menschen einfacher, eine Frage zunächst in einer kleinen Gruppe zu stellen, bevor sie in der großen Gruppe zur Sprache kommen soll. Gehen Sie danach zu einer allgemeinen Frage- und Antwortzeit über. Seien Sie hier auf alles Mögliche gefasst, und versuchen Sie beim Antworten Folgendes zu berücksichtigen:

- Unterstützen Sie den Fragenden ("Das ist eine gute Frage...").
- Gehen Sie nicht in Verteidigungsposition (Gott brauchen wir nicht zu verteidigen).
- Seien Sie ehrlich in Ihren Antworten.
- Wenn Sie etwas nicht wissen, dann sagen Sie es – wenn möglich, bieten Sie an, bis zur nächsten Woche darüber nachzuforschen.

Alles Mögliche kann in der Fragezeit auf Sie zukommen. Sehen Sie es als eine Chance, auf Gottes Weisungen durch den Heiligen Geist vertrauen zu lernen.

3) GOTT KENNEN LERNEN!

Beenden Sie diese erste Einheit mit einigen abschließenden Worten auf der Grundlage der Unterlagen für die Teilnehmenden. Verdeutlichen Sie, dass es ein entscheidender Unterschied ist, ob jemand nur glaubt, dass Gott existiert, oder Gott persönlich kennen gelernt hat.

Schließen Sie mit einem Gebet ab, indem Sie z.B. Psalm 8 lesen. Weisen Sie noch kurz auf den Bibeltext hin, der für die nächste Woche vorgesehen ist.

Zeit zur Begegnung

Vielleicht denken Sie, dass Sie sich nun bei Getränken entspannen können. Jedoch ist dieser Teil einer der wichtigsten an jedem Abend. Nehmen Sie sich Zeit, mit den Teilnehmenden einzeln zu sprechen. Wenn möglich, sprechen Sie kurz mit jeder Person, bevor sie geht, um herauszufinden, ob sie den Abend in Ordnung fand und um mögliche Beklemmungen oder Ängste aufzudecken. Denken Sie daran, dass Sie nicht wissen, was in den Gesprächsgruppen ablief, und ob jemand vielleicht verunsichert, beleidigt oder verärgert wurde.

Im Idealfall sollten der Leiter und die Mitarbeitenden in der folgenden Woche noch einmal nachfragen, ob jeder Teilnehmende die Gruppe hilfreich fand und vorhat, weiterhin zu kommen. Es lohnt sich, entweder der ganzen Gruppe oder Einzelnen zu sagen, dass die Gruppenatmosphäre mit der Zeit besser wird, da die Gruppenmitglieder sich untereinander besser kennen lernen.

Übersicht und Zeitplan

Jeder Leiter wird diese erste Einheit seinem eigenen Stil gemäß durchführen. Daher sind dies nur ungefähre Zeitangaben für den Ablauf des Abends. Denken Sie daran, dass die Einstiegsaufgabe je nach Gruppengröße unterschiedlich lange dauern wird. Der Abend sollte insgesamt ungefähr 90 Minuten dauern. Die Zeit zur Begegnung am Schluss ist dabei nicht eingerechnet.

Eröffnungsphase: Begrüßung, Gebet und Einstiegsaufgabe	15 Minuten
Persönliche Erfahrungen auf dem Glaubensweg	5
Einführung in den Kurs und einige Grundregeln	5
Gesprächsgruppen	5 – 10
Lehreinheit 1 (Gibt es Gott wirklich?)	10 – 15
Gesprächsgruppen	5
Lehreinheit 2 (Gott begegnet uns...)	20
Fragen sammeln in den Gruppen	5 – 10
Zeit für Fragen an den Leiter	10 – 15
Lehreinheit 3 (Gott kennen lernen...) und Abschlussgebet	5
Zeit zur Begegnung	

2.
Wir brauchen Gott in unserem Leben. Gute Gründe

Einführung

Diese Einheit kann für die Teilnehmenden eine der wichtigsten und hilfreichsten im gesamten Kurs sein, denn hier können sie anfangen, über Gott und ihr eigenes Leben nachzudenken. Hier stellt sich ihnen die Frage: Wie stehe ich selbst zu Gott? Seien Sie darum bitte besonders sorgfältig in Ihrer Vorbereitung, sowohl im Gebet als auch in der konkreten Vorbereitung des Abends.

Kindheitserinnerungen

Beginnen Sie wieder so pünktlich wie möglich, indem Sie die Gruppe begrüßen und den Abend mit einem Gebet eröffnen. Begrüßen Sie besonders die Teilnehmenden, die zum ersten Mal da sind. Es ist möglich, dass bis zur vierten Woche noch Teilnehmende zu der Gruppe stoßen, da sie sich in dieser Zeit erst noch „findet". Erklären Sie die Einstiegsaufgabe, in der die Gäste diesmal gebeten werden, über ihre eigene Kindheit zu sprechen. Es ist am besten, wenn sich kleine Gesprächsgruppen mit höchstens vier Personen bilden, gerade so, wie die Gäste nebeneinander sitzen. Wenn die Gruppen größer sind, dauert diese Austauschphase zu lange.

Persönlicher Bericht (Ein Zeugnis)

Greifen Sie einige Gedanken aus den Austauschgruppen auf. Wenn Sie ein persönliches Zeugnis eines Mitarbeitenden oder eines Teilnehmenden einfügen wollen, stellen Sie diese Person kurz vor. Die Person sollte nicht länger als fünf Minuten sprechen, denn es könnte sein, dass einzelne Teilnehmende im Anschluss noch Fragen stellen möchten.

Das Gleichnis vom verlorenen Sohn

Die meisten Teilnehmenden werden dieses Gleichnis (Lukas 15,11-32) nicht sehr gut kennen. Es wird am besten von dem Leiter oder einem Mitarbeitenden möglichst lebendig erzählt. Danach können die einzelnen Stationen im Leben des jüngeren Sohnes geschildert werden. Verschiedene Abschnitte des Gleichnisses sind in Burkhard Krauses Buch *Reise in das Land des Glaubens* (Neukirchen-Vluyn 2000) dargestellt. Wenn Sie oder die Mitarbeitenden eine schauspielerische Gabe haben, ist es eine gute Möglichkeit, das Gleichnis als kurzes Anspiel einzubringen.

Gesprächsgruppen

Bitten Sie die Teilnehmenden, wieder in die Gesprächsgruppen zu gehen und einander mitzuteilen, mit welchem Lebensabschnitt des jüngeren Sohnes sie sich identifizieren können, und ob sie sich in irgendeiner der Lebensphasen des jüngeren Sohnes zur Zeit selbst befinden. Es ist möglich, dass sich Teilnehmende in mehreren Phasen gleichzeitig wiederfinden. Geben Sie den Teilnehmenden viel Zeit für diese Austauschrunde. Wenn die Gruppe nicht zu groß ist, lohnt es sich, Zeit für einen kurzen Bericht aus den einzelnen Gesprächsgruppen zu geben, bevor Sie zur nächsten Lehreinheit übergehen.

Warum brauchen wir Gott?

Sie müssen im Voraus planen, wie oft Sie diese Einheit durch Gesprächsgruppen unterbrechen wollen. Theoretisch kann nach jedem Abschnitt eine Gesprächsgruppe oder Frage- und Diskussionszeit eingeschoben werden. Wenn Sie in der Leitung einer solchen Gruppe erfahren sind, können Sie spontan beurteilen, wann es Zeit für eine Unterbrechung der Lehrphase ist. Sie können außerdem sehen, dass es Zeit für eine Pause ist, wenn die Teilnehmenden gähnen, verträumt in die Luft gucken oder zappelig und unruhig werden.

Der erste Gesichtspunkt in dieser Lehreinheit ist sehr wichtig: Ein Mangel ist ein Mangel, auch wenn dieser von der betreffenden Person nicht zugegeben oder erkannt wird. Hieran schließt sich der Gedanke an, dass wir Menschen darauf angelegt sind, in Gemeinschaft mit Gott zu leben. Solange wir außerhalb dieser Gemeinschaft leben wollen, wird unser Leben im Innersten hohl bleiben. In dieser Lehreinheit geht es weiter darum, dass der natürliche Mensch keine Beziehung zu Gott will, sondern vielmehr Mauern aufbaut, die ihn von Gott trennen. Zum Schluss dieser Einheit geht es um die Angst vor der Zukunft.

In der Regel fühlen die Teilnehmenden sich von diesen drei Punkten angesprochen und finden für sich selbst einen Anknüpfungspunkt. Am Ende der Lehreinheit bitten Sie die Teilnehmenden wieder, sich in Gesprächsgruppen auszutauschen und aufgekommene Fragen zu sammeln.

Zeit für Fragen

Geben Sie den Teilnehmenden wie bereits am ersten Abend Zeit, all die Fragen zu stellen, die sie beschäftigen. Seien Sie diese Woche auf Fragen nach einem Weiterleben nach dem Tod vorbereitet: „Glauben wir an eine Reinkarnation?“ oder „Ist der christliche Glaube der einzige Weg?“ oder „Was ist mit denen, die nie das Evangelium von Jesus Christus gehört haben?“

Aussagen bündeln

Gehen Sie nicht einfach von den Fragen zum lockeren Beisammensein über. Fassen Sie erst noch einmal den Abend zusammen. Bündeln Sie die zentralen Aussagen so, dass die Teilnehmenden etwas mit nach Hause nehmen, über das sie ernsthaft nachdenken können. Weisen Sie auf den nächsten Abend hin, in dem es um Jesus Christus geht. Verteilen Sie Ausgaben des Lukasevangeliums, wenn Sie vorhaben, dieses in der nächsten Stunde zu benutzen. Erklären Sie kurz, was ein Evangelium ist, und schlagen Sie den Teilnehmenden vor, im Laufe der nächsten Wochen jeden Tag ein kleines Stück des Lukasevangeliums zu Hause zu lesen. Schließen Sie den Abend mit einem Gebet ab. Danach ist Zeit für Getränke und lockere Gespräche.

Übersicht und Zeitplan

Die Zeitangaben sind wieder lediglich als Anhaltspunkt gedacht. In dem hier gegebenen Zeitplan ist eine Pause für Gesprächsgruppen innerhalb der Lehreinheit eingeplant.

Kindheitserinnerungen	15 Minuten
Ein Zeugnis	5 – 10
Das Gleichnis vom verlorenen Sohn	10
Gesprächsgruppen	10
Warum brauchen wir Gott? (Teil 1)	10
Gesprächsgruppen	5
Warum brauchen wir Gott? (Teil 2 und 3)	10 – 15
Gesprächsgruppen zum Fragen- Sammeln	5 – 10
Zeit für Fragen im Plenum	10
Abschließende Zusammenfassung und Gebet	5
Zeit zur Begegnung	

3.
Jesus von Nazareth. Leben, Leiden und Sterben

Einführung

In Einheit 1 haben wir Argumente gesammelt, die dafür sprechen, an Gott zu glauben. In Einheit 2 ging es darum, dass wir Gott brauchen, aber von ihm getrennt sind. Einheit 3 und 4 haben zum Thema, wie Gott uns durch Jesus Christus für ein Leben in der Gemeinschaft mit ihm zurückgewinnt.

In dieser dritten Einheit ist eine Menge an inhaltlichem Stoff zu bewältigen. Es ist vielleicht nicht möglich, dies an einem Abend durchzunehmen. An dieser Stelle könnten Sie einen zusätzlichen Abend einschieben oder einen Teil von dem, was über die Bedeutung des Kreuzes gesagt werden soll, in den nächsten Abend über die Auferstehung mit hinübernehmen, da dieser inhaltlich nicht so gedrängt ist. In dem hier vorgeschlagenem Ablauf wird davon ausgegangen, dass Sie das Zeugnis der Evangelien über Jesu Wirken und die Frage „Wer ist Jesus?" in dieser Einheit behandeln und die Bedeutung von Jesu Tod erst in der vierten Einheit besprechen.

Begrüßung und Zeugnis

Wenn Sie ein Zeugnis einbringen wollen, ist es am besten, dies gleich am Anfang zu tun, da die Aufgabe für die Gesprächsgruppen eng mit der Lehreinheit verknüpft ist. Begrüßen Sie die Gruppe. Sprechen Sie ein kurzes Gebet und stellen Sie kurz die Person vor, die an diesem Abend ein Zeugnis gibt. Dies kann jemand aus der Gruppe sein oder eine/r der Mitarbeitenden oder eine andere Person aus der Gemeinde, die an diesem Abend dazukommt, um ihre „Geschichte mit Jesus" zu erzählen. Wählen Sie die Personen, die ein Zeugnis geben, sorgfältig aus. Es sollten sehr unterschiedliche Menschen mit unterschiedlichen Erfahrungen sein, damit ein ausgewogenes Bild entsteht.

Was wissen Sie über Jesus?

Geben Sie eine kurze Einführung in die Einheit und erläutern Sie, warum das Wissen über Jesus für den christlichen Glauben zentral ist. Bitten Sie dann die Teilnehmenden, für die erste Aufgabe in Gruppen zu gehen. Bedenken Sie dabei, dass die Teilnehmenden hier zum ersten Mal in der Gruppe über das sprechen sollen, was sie wissen. Bisher wurden sie nur nach Erfahrungen und Meinungen gefragt. Ermutigen Sie darum die Teilnehmenden, sowohl über ihr

Wissen wie auch über ihre Unkenntnis zu sprechen. Wenn es zu völligem Stillschweigen im Raum kommen sollte – in der Regel ist dies nicht der Fall! –, können Sie anbieten, die Gruppenarbeit zügig zu beenden.

Wer ist Jesus?

Es gibt zwei Möglichkeiten, diesen Abschnitt zu behandeln. Der in den Unterlagen für die Teilnehmer vorgeschlagene Ansatz ist gedacht für eine Gruppe, die Bibeltexte selbst aufschlagen und darüber nachdenken kann, was diese Textabschnitte bedeuten. Den Teilnehmenden einer solchen Gruppe ist das Thema meist nicht ganz fremd.

Die zweite Möglichkeit ist die, dass Sie selbst die erste Hälfte des Lukasevangeliums durchgehen und an den Stellen pausieren, die in den Unterlagen angegeben sind. Erzählen Sie das Evangelium den Teilnehmenden frei und lesen Sie hin und wieder einzelne Textstellen vor. Weisen Sie immer wieder auf die Frage hin: Wer ist Jesus?

Schließen Sie mit dem Zitat von C.S. Lewis, das in den Unterlagen für die Teilnehmenden abgedruckt ist, und weisen Sie darauf hin, dass Jesus seine Jünger gefragt hat: „Wer sagt ihr, dass ich bin?“

Gesprächsgruppen

Im Mittelpunkt des Gespräches sollte diese Frage Jesu stehen. Wenn eine Gruppe damit schnell fertig ist, kann sie sich der nächsten Frage zuwenden: „Warum musste Jesus sterben?“

Zeit für Fragen

Es lohnt sich, an dieser Stelle Zeit für ein Gespräch in der Gesamtgruppe einzuräumen. Sie können die Ergebnisse aus den Gruppen aufgreifen und aufgekommene Fragen über Jesus Christus genauer besprechen. Es ist anzunehmen, dass die Logik des Zitats von C.S. Lewis für viele schwer verständlich ist. Auch werden manche Schwierigkeiten haben, die einfache und direkte Frage, die Jesus seinen Jünger stellt, zu beantworten. Wenn die Gruppe so weit ist, können Sie zum zweiten Teil des Evangeliums übergehen.

Das Kreuz wirft seinen Schatten voraus

Dieser Teil kann wieder auf zwei verschiedene Weisen durchgegangen werden. Eine Gruppe, die mit der Bibel schon ein bisschen vertraut ist, kann die angegebenen Bibelstellen selber nachschlagen und sich darüber austauschen. In anderen Gruppen ist es besser, wenn der Leiter den Inhalt des zweiten Teils des Lukasevangeliums erzählt (wie schon bei dem ersten Teil) und bei den angegebenen Bibelstellen Pausen macht.

Die Passionsgeschichte

Beenden Sie diesen Abschnitt, indem Sie die Passionsgeschichte so vollständig wie möglich erzählen. Hier kann auch ein Video sehr effektiv eingesetzt werden. Die Kreuzigungsszene in dem Film *Jesus von Nazareth* von Zefferelli wird dem biblischen Zeugnis gerecht. Diese Szene kann tief bewegen, besonders wenn sie in einer Gruppe gezeigt wird.

Abschluss des Abends

Es gibt eine Reihe von Möglichkeiten:

- Wenn Sie das Video gemeinsam ansehen, wird danach wahrscheinlich eine Zeit lang Stillschweigen sein. Sie könnten daran anschließen, indem Sie auf die Frage „Warum musste Jesus sterben?“ eine einfache Antwort geben. Ein Beispiel finden Sie dafür im Teilnehmerhandbuch im ersten Abschnitt zu dieser Frage. Daran könnte sich ein stilles Gebet anschließen und ein abschließendes Gebet durch den Leiter. Zum Schluss werden wieder Getränke angeboten.
- Sie können an das Video auch eine Zeit der Stille und dann eine Austauschphase in den Gruppen über die Bedeutung von Jesu Tod anschließen und danach die Gruppengespräche zusammenfassen. Es ist möglich, hier eine Lehreinheit einzubringen, in der die vier Bilder in den Unterlagen für die Teilnehmenden erklärt werden. Achten Sie jedoch darauf, nicht zu viele inhaltliche Anstöße zu geben, da die Teilnehmenden in dieser Einheit schon viel aufnehmen mussten.
- Beenden Sie den Abend in gewohnter Weise: mit Gesprächsgruppen, Zeit für Fragen im Plenum und abschließender Zusammenfassung (5 Minuten) sowie dem Ausblick auf die nächste Woche.

Ganz gleich, wie Sie diese Einheit beenden, vergessen Sie bitte nicht, an irgendeiner Stelle auf die Auferstehung hinzuweisen.

Übersicht und Zeitplan

Begrüßung und Zeugnis	10 Minuten
Einstiegsaufgabe (Was wissen Sie über Jesus?)	10
Wer ist Jesus?	15
Gesprächsgruppen	10
Zeit für Fragen	5 – 10
Das Kreuz wirft seinen Schatten voraus	10
Die Passionsgeschichte (Video)	10
Abschluss des Abends	10
Zeit zur Begegnung	

4.
Wie der Stein ins Rollen kam. Jesus ist auferstanden!

Einführung

Dieses Kapitel schließt eng an das vorherige an. Sie müssen da wieder anknüpfen, wo Sie das letzte Mal aufgehört haben, und Sie müssen viel Raum für Diskussionen und Fragen lassen. Daher können Sie möglicherweise nicht das ganze Material über die Auferstehung behandeln. Wenn Sie jetzt schon denken, dass die Zeit zu knapp wird, dann lassen Sie diesmal das Zeugnis aus.

Rückblick auf die letzte Einheit

Begrüßen Sie die Teilnehmenden und beginnen Sie wieder mit einem Gebet. Fassen Sie die letzte Einheit noch einmal zusammen. Bitten Sie dann die Teilnehmenden, sich in kleinen Gruppen über die vorgegebenen Fragen zu unterhalten. Sie werden selbst entscheiden müssen, wie lange diese Diskussionsphase dauern soll.

Warum musste Jesus sterben? – Die Bedeutung des Kreuzes

Nun folgt eine längere Lehreinheit über die Bedeutung des Kreuzes. Im Zentrum stehen dabei die beiden Fragen: „Warum musste Jesus Christus sterben?“ und „Warum haben wir durch seinen Tod am Kreuz die Vergebung der Sünden?“

Die verschiedenen christlichen Traditionen werden das Geheimnis des (stellvertretenden) Sühneopfers Christi auf verschiedene Weise erklären wollen. Die vier Vergleiche, die zu diesem Thema in den Unterlagen zum dritten Abend angestellt werden, sind eine Hilfe bei der Verdeutlichung. Normalerweise haben die Teilnehmenden zumindest zu einem dieser bildhaften Vergleiche Zugang. Dadurch fangen sie an, das Geheimnis der Sühne und Versöhnung zu verstehen. In den weiterführenden Emmaus-Kursen kann daran angeknüpft werden.

Gesprächsgruppen und Zeit in der Gesamtgruppe

Wenn Sie hier eine sehr ausführliche Lehreinheit gegeben haben, können Sie den Teilnehmenden jetzt die Möglichkeit geben, sich in Gesprächsgruppen darüber auszutauschen, Fragen zu sammeln und anschließend im Plenum zu besprechen.

Zwei hilfreiche Impulsfragen:

- Welcher von den vier Vergleichen ist für Sie am verständlichsten?
- Welchen finden Sie am schwersten zu verstehen?

Und so kam der Stein ins Rollen – Das historische Zeugnis der Auferstehung

Leiten Sie von den Gesprächen über das Kreuz zum Thema Auferstehung über, indem Sie gemeinsam den Bericht von der Auferstehung im Lukasevangelium lesen. Daran können Sie eine Zusammenfassung der Hinweise für die Auferstehung anschließen. Hier gibt es vier verschiedene Möglichkeiten:

- Ein mündlicher Vortrag (nicht gerade sehr spannend!).
- Ein Video. Die Videoserie *Jesus damals und heute* (Jesus Then and Now) von David Watson bietet eine hervorragende schauspielerische Darstellung einer Diskussion zwischen zwei Rechtsanwälten und einem Richter. Zeigen Sie das Video und erarbeiten Sie gemeinsam die in der Diskussion genannten Argumente.
- Fragen und Antworten. Benutzen Sie hierbei das Flipchart und versuchen Sie, die historischen Zeugnisse der Auferstehung im Plenumsgespräch zu erarbeiten, wobei die Teilnehmenden ihre Mappe nicht vor sich haben sollten. Ergänzen Sie die Hinweise aus der Gruppe durch Argumente für die Auferstehung, bis ein sicheres Gesamtzeugnis entsteht.
- Ein Sketch. Ermutigen Sie einige Personen, sich als Rechtsanwälte zu verkleiden und die verschiedenen Positionen zu vertreten. Die Akteure sollen versuchen, die Beweislage zu klären. Dies muss im Vorfeld gut vorbereitet werden.

Gesprächsgruppen

Nach Vortrag/Video/Debatte/Sketch wird die Gruppe wieder in Gesprächsgruppen aufgeteilt, dabei soll es um die vorbereiteten Fragen gehen. An diese Phase schließt sich automatisch ein Gespräch in der Gesamtgruppe als Zeit für Fragen an.

Was bedeutet die Auferstehung Jesu?

Wenn Sie die Einheit in der bisher vorgeschlagenen Weise durchgegangen sind, dann können Sie jetzt die Stichpunkte aus den Unterlagen für die Teilnehmenden für die letzte Lehreinheit des Abends benutzen. Damit werden gleichzeitig die letzten beiden Kapitel des Kurses wiederholt. Dieser Abschnitt sollte nicht zu lang werden. Sie brauchen auch nicht auf jeden Punkt einzugehen. Der Schwerpunkt liegt auf der Bedeutung der Auferstehung als Kernstück des christlichen Glaubens.

Weisen Sie die Teilnehmenden auf die Möglichkeit des Gebetes hin, und ermutigen Sie sie, mit der Bibellese des Lukasevangeliums fortzufahren.

Übersicht und Zeitplan

Begrüßung und Gebet	5 Minuten
Einstiegsaufgabe	10
Die Bedeutung des Kreuzes	15
Gesprächsgruppen und Plenum	10
Und so kam der Stein ins Rollen	15
Gesprächsgruppen	10
Plenum und Zeit für Fragen	15
Abschließende Lehreinheit und Gebet	10
Zeit zur Begegnung	

5.
Sie werden begeistert sein. Der Heilige Geist

Einführung

In den ersten vier Kapiteln haben wir folgende Themen besprochen: Gott ist unser Schöpfer und wir, seine Geschöpfe, sind auf ihn hin geschaffen und auf ihn angewiesen. Wir Menschen haben uns jedoch von Gott abgewendet und bauen Mauern auf, die uns von Gott trennen. Gottes Rettung kommt zu uns in Jesus Christus, der für uns gestorben und auferstanden ist.

In diesem Kapitel geht es nun um den Heiligen Geist und wie er im Leben eines Christen wirkt. Dies ist wieder ein sehr umfangreiches Thema für eine einzelne Einheit. Jedoch soll hier nur ein Grundverständnis erarbeitet werden. In den weiterführenden Emmaus-Kursen kann auf dieser Grundlage aufgebaut werden.

In den vergangenen 30 Jahren gab es, besonders in Gemeinden, die von der charismatischen Erneuerungsbewegung berührt wurden, eine Menge neuer Erfahrungen mit dem Wirken des Heiligen Geistes und der Bedeutung des Heiligen Geistes für unser Leben. Die Lehreinheiten in diesem Kapitel greifen diese Gedanken und Erfahrungen auf. Dabei konzentrieren wir uns auf die Fragen, die in diesem Bereich des christlichen Lebens am häufigsten gestellt werden.

Begrüßung und Zeugnis

Nach der Begrüßung folgt ein kurzer Rückblick über die letzten vier Treffen, dann wird das Thema des Abends kurz vorgestellt und mit einem Gebet begonnen.

Bei dem Thema „Heiliger Geist“ kann ein persönliches Zeugnis sehr hilfreich sein, besonders dann, wenn es in der Gruppe oder Gemeinde jemand gibt, der in den letzten Jahren eine tiefere Erfahrung mit dem Wirken des Heiligen Geistes gemacht hat und davon einfühlsam und gut berichten kann. Das Wirken des Heiligen Geistes ist in jeder Person anders. Es ist wichtig darauf hinzuweisen, *bevor* die betreffende Person ihre Erfahrungen mitteilt – und auch noch mal *im Anschluss* daran. Die Botschaft des Zeugnisses darf *auf keinen Fall* lauten: „Du bist kein richtiger Christ, wenn du *diese* Erfahrungen nicht auch gemacht hast!“

Erfahrungen mit dem Heiligen Geist

An das Zeugnis schließt sich die Einstiegsaufgabe an (siehe Unterlagen für die Teilnehmenden). Bitten Sie die Teilnehmenden, sich über ihr eigenes Verständnis und möglicherweise ihre Erfahrungen mit dem Heiligen Geist auszutauschen. Es kann hilfreich sein, kurz auf die Jünger hinzuweisen, denen Paulus in Ephesus begegnet und die den Heiligen Geist noch nicht empfangen hatten, denn einige in der Gruppe möchten vielleicht ebenso sagen: „Wir haben noch nie gehört, dass es einen Heiligen Geist gibt." (Apostelgeschichte 19,2)

Die Mitarbeitenden müssen in dieser Phase aufmerksam sein und damit rechnen, dass Teilnehmende in der Gruppe eindeutige und echte Erfahrungen der Gegenwart und des Wirkens des Heiligen Geistes gemacht haben. Diese Teilnehmenden müssen in ihren Erfahrungen bestätigt werden. Sie sollen auch ermutigt werden, offen davon zu berichten, weil sie damit Zeugnis geben für das Wirken Gottes. Die Mitarbeitenden müssen jedoch darauf achten, dass die Teilnehmenden, deren Erfahrungen im Glauben anders aussehen, durch diese Berichte nicht verunsichert werden oder am Glauben zu zweifeln beginnen.

Es ist hier hilfreich, daran zu denken, dass die drei Bilder, die in der Bibel zur Beschreibung des Heiligen Geistes verwendet werden, sanft oder gewaltig erscheinen können. Das Wehen des Geistes kann eine sanfte Brise auf der Stirn eines Jüngers sein oder das Tosen eines heftigen Sturms. Das Feuer des Geistes kann ein Funke, eine kleine Feuerzunge sein oder ein verzehrendes Feuer. Das Wasser des Geistes kann der erfrischende Morgentau sein oder ein gewaltiger Wasserstrom. Gott wendet sich jedem von uns zu bestimmten Zeiten auf unterschiedliche Weise zu.

Der Begriff „Taufe in dem Heiligen Geist" ist ein neutestamentlicher Ausdruck, und wir sollten deshalb keine Scheu haben, diesen Begriff zu benutzen. Das Wort „Taufe" ist im Neuen Testament nicht so sehr ein religiöser Begriff, sondern eher ein gewöhnliches Wort für „durchtränken". Wäre man damals unter einem Fenster lang gegangen, aus dem gerade jemand einen Eimer Wasser herausschüttet, hätte man hoch geschaut und gesagt: „He, Freundchen – Sie haben mich gerade getauft!" Es ist daher ein sehr angemessener Ausdruck, wenn man sagen möchte, dass jemand vom Heiligen Geist „durchtränkt" wurde. Es ist jedoch kein hilfreicher Ausdruck, wenn man damit eine einmalige Erfahrung beschreibt, die jeder Christ zu einem bestimmten Zeitpunkt auf seiner Glaubensreise machen müsste.

Die Verheißung des Heiligen Geistes

Mit einer kurzen Diskussion im Plenum können die Gruppengespräche zusammengefasst werden. Danach können Sie zur Lehreinheit dieses Kapitels übergehen. Der Heilige Geist wird hier im Kontext der gesamten Heilsgeschichte gesehen. Es ist wichtig zu betonen, dass der Heilige Geist eine Person der Dreieinigkeit ist und nicht eine unpersönliche Kraft oder Macht. Selbst

Menschen, die schon seit vielen Jahren Christen sind, sprechen häufig noch von dem Heiligen Geist als einem „Es“.

Wie wirkt der Heilige Geist in unserem Leben?

Nach einer kurzen Pause für Fragen und Diskussionen können Sie direkt zur nächsten Lehreinheit über das Wirken des Heiligen Geistes in unserem Leben übergehen. Im Idealfall sollte hier kein Monolog gehalten, sondern eine interaktive Form gewählt werden. In diesem Abschnitt kommen einige Bibeltexte vor, die laut vorgelesen werden sollen (nicht nur aus dem Lukasevangelium). Ausreichend Bibeln oder Kopien der Textabschnitte sollten darum vorliegen. Es ist möglich, die Textabschnitte vorher einigen der Teilnehmenden zuzuteilen, die einen solchen Abschnitt sicher vorlesen können.

Zwischendurch können Sie Pausen einlegen, um den Teilnehmenden Zeit zu geben, die Texte für sich oder zu zweit (dritt) noch mal durchzulesen und darüber nachzudenken. Bedenken Sie: Die Gruppe gibt das Tempo an!

Gesprächsgruppen

Geben Sie nach dieser Lehreinheit den Teilnehmenden viel Zeit, um das Gehörte zu verdauen und um Fragen über die Person und das Wirken des Heiligen Geistes zu sammeln. Die Gruppen können sich dabei an den Fragen in den Unterlagen der Teilnehmer orientieren.

Zeit für Fragen in der Gesamtgruppe

An diesem Abend wird sicher eine Menge Fragen aufkommen, besonders über das Wirken des Heiligen Geistes in unserem Leben und über die Geistesgaben.

Ein Gespräch über die besonderen Gaben des Geistes, wie z.B. Zungenrede, Prophetie und Heilung, kann für einige Teilnehmende sehr faszinierend und interessant sein, für andere aber sehr befremdend. Plötzlich erscheint ihnen dann der zunächst so vernünftige Glaube völlig verrückt. Es ist wichtig, dass man lernt, über die Gaben des Geistes in einer normalen und natürlichen Weise zu reden. Denn für einige Teilnehmende ist es an der Zeit, weiter zu wachsen in der Erfahrung mit Geistesgaben. Andere aber müssen sagen können: „Diese Sache lasse ich erst einmal auf sich beruhen!“

Einige Fragen und Antworten

Vielleicht haben Sie schon alle Fragen aus den Unterlagen für die Teilnehmenden innerhalb der Fragezeit in der Gesamtgruppe beantwortet. Falls nicht, lohnt es sich, einen schnellen Durchgang am Ende dieser Einheit zu machen, um einige geläufige Missverständnisse über das Wirken des Geistes zu korrigieren. Wenn möglich, beenden Sie die Fragezeit, indem Sie gemeinsam Lukas 11, 9-13 lesen.

Ausblick

Schließen Sie die Einheit ab mit einem Ausblick auf das nächste Treffen, bei dem es darum geht, wie man ein Christ wird. Betonen Sie, dass dies die Zusammenfassung des ersten Teils des Kurses ist und dass es wichtig ist, an diesem Abend nicht zu fehlen. Nach der sechsten Einheit wird den Teilnehmenden ein Einzelgespräch angeboten. Es lohnt sich jedoch, schon jetzt ein Angebot für Gespräche zu machen, falls jemand nach diesem Treffen noch weiter über das Wirken des Geistes sprechen möchte. Beenden Sie den Abend mit einer Zeit für stilles Gebet. Sie können ein Lied als Meditationshilfe für die stille Gebetszeit nennen und zum Abschluss gemeinsam singen (z.B. das Lied: „Herr, füll mich neu, füll mich neu mit deinem Geist").

Übersicht und Zeitplan

Begrüßung, Gebet und Zeugnis	10 Minuten
Einstiegsaufgabe (Erfahrungen mit dem Heiligen Geist)	10
Die Verheißung des Heiligen Geistes (Lehreinheit)	10
Fragen und Diskussion im Plenum	5
Wie wirkt der Heilige Geist in unserem Leben?	20
Gesprächsgruppen	10
Zeit für Fragen in der Gesamtgruppe	15
Abschließende Lehreinheit und Gebet	10
Zeit zur Begegnung	

6.
Wie man den ersten Schritt tut. Vom Christ-Werden

Einführung

Ziel dieser Einheit ist, das bisher Erarbeitete zusammenzufassen. Bis zu diesem sechsten Kapitel haben Sie die Teilnehmenden so angesprochen, als ob sie alle am christlichen Glauben Interessierte und Suchende wären (obwohl einige vielleicht schon seit ein paar Jahren Christen sind). Sie haben die Grundlagen des christlichen Glaubens zu den folgenden Themen behandelt: Gott der Vater und Schöpfer, unsere Abhängigkeit von Gott, Jesu Tod und Auferstehung, der Heilige Geist. In Kapitel 6 werden diese Lehrinhalte in einer klaren und einfachen Verkündigung des Evangeliums zusammengefasst. Die Teilnehmenden werden eingeladen, auf diese Botschaft zu antworten und ein Leben im Glauben zu wagen. Dies bedeutet, dass in diesem Kapitel wenig neue Lehrinhalte vorkommen. Es ist teilweise eine Wiederholung und teilweise eine Aufforderung zu konkreten Schritten im Glauben.

Im Idealfall schließen sich an diese Einheit Gespräche des Leiters und der Mitarbeitenden mit den Teilnehmenden an. In den Gesprächen sollen Fragen, die noch unbeantwortet geblieben sind, besprochen werden, und wenn es angebracht ist, kann mit der jeweiligen Person in der ihr angemessenen Weise gebetet werden. Einige Richtlinien für diese persönlichen Gespräche werden im Anschluss an dieses Kapitel gegeben. Der Leiter und die Mitarbeitenden müssen sich im Blick auf diese Einzelgespräche vor der sechsten Einheit absprechen und eine gemeinsame Linie vereinbaren. Dies betrifft z.B. folgende Fragen: „Wie sollen die Gespräche angeboten werden?“ und „Welchen Zeitplan will man einhalten?“

Da Einheit 6 eine der wichtigsten Phasen im ganzen Kursablauf darstellt, ist es sehr wichtig, in der vorausgehenden Woche treu für die Teilnehmenden zu beten und auch für den Abend selbst. Sie können hierfür andere Gemeindeglieder oder Gruppen um Unterstützung im Gebet bitten. Es ist erstaunlich, durch welche plötzlichen Umstände Teilnehmende schon davon abgehalten wurden, an diesem Abend zu kommen.

Begrüßung und Zeugnis

Begrüßen Sie die Gruppe wie gewöhnlich. Beginnen Sie mit einem Gebet und stellen Sie das Thema des Treffens vor. Ein Zeugnis kann hilfreich sein, aber es ist an diesem Abend nicht gut, einen Fremden in die Gruppe zu bringen, da persönliche Gespräche möglich sein sollen. In dem Zeugnis sollte es darum gehen, wie man sein Leben (schrittweise) Gott anvertraut und was es bedeutet, Jesus nachzufolgen. Das Zeugnis soll aber nicht der Melodie folgen: „Als ich Christ wurde, waren all meine Probleme gelöst."

Meine Glaubensreise

Inzwischen sollten die Teilnehmenden mit dem Gedanken der Glaubensreise vertraut sein. Es ist dennoch gut, sie noch einmal an die Gesprächsrunde zum verlorenen Sohn in Kapitel 2 zu erinnern. Die Teilnehmenden können sich dann in kleinen Gruppen von drei bis vier Personen über die Fragen in ihren Unterlagen austauschen.

Gesamtgruppe

Diesmal ist die Einstiegsaufgabe in der Gesamtgruppe zu bearbeiten (und nicht in Kleingruppen). Gehen Sie die Liste der Definitionen für einen Christen durch und bitten Sie die Teilnehmenden zu sagen, inwiefern die einzelnen Sätze nicht stimmen. Bitten Sie dann jede Gruppe zu beschreiben, was für sie ein Christ ist. Die verschiedenen Definitionen können auf einem Flipchart festgehalten werden.

Was ist ein Christ?

Im Anschluss an die Plenumsdiskussion dürfte es nicht allzu schwierig sein, die einzelnen Punkte dieses Abschnitts durchzugehen. Jeder Punkt ist wichtig und muss verdeutlicht werden. Sie können für Fragen und Beiträge unterbrechen, bis Sie sicher sind, dass die Gruppe verstanden hat, um was es bei den einzelnen Punkten geht.

Die frohe Botschaft der Christen

Ziel ist es, die grundlegenden Glaubensinhalte der letzen fünf Einheiten zusammenzufassen. Eine Veränderung in der Sprechweise kann hier hilfreich sein. Gehen Sie die einzelnen Punkte in der Teilnehmermappe durch. Unterbrechen Sie auch hier – wenn notwendig – für Fragen. Wenn Sie die Möglichkeit haben, mit einem Overhead-Projektor zu arbeiten, können Sie Bildmaterial verwenden, um die Konzentration zu erleichtern. Hilfreiches Bildmaterial findet sich in Traktaten, die das Evangelium mit Skizzen und Illustrationen veranschaulichen.

Besonders wichtig ist der Abschnitt, in dem es um „unsere Antwort" geht, denn hier erklären Sie, wie man Christ wird: indem man auf die Gnade Gottes mit Glauben antwortet.

Dieser Abschnitt und der folgende, in dem es um ein Gebet zur Lebensübergabe geht, betonen die vierfache Glaubensantwort. Sie besteht aus: Umkehr, Glaube, Eingliederung in die Kirche/in den Leib Christi (markiert durch die

Taufe) und Empfang des Heiligen Geistes. Dies ist die vollständige Antwort des christlichen Glaubens auf die Einladung zur Nachfolge, wie sie in der Apostelgeschichte aufgezeigt ist. Der Glaube besteht nicht nur aus einem einfachen Sündenbekenntnis.

Gesprächsgruppen und Plenum

Es lohnt sich, Zeit für Kleingruppen zu geben, damit die Teilnehmenden die einfache Verkündigung des Evangeliums und den Ruf zu einer Glaubensantwort verdauen können. Ermutigen Sie die Teilnehmenden zu benennen, was ihnen noch unklar ist, und sprechen Sie im Plenum über die offen gebliebenen Fragen.

Wie werde ich Christ?

Beenden Sie das Plenumsgespräch, indem Sie die Gruppe wieder auf die ihr ausgehändigten Unterlagen hinweisen. Gehen Sie die hier aufgeführten Lehrinhalte sorgfältig durch.

Betonen Sie, dass es wichtig ist, eine klare Entscheidung für ein Leben mit Christus zu treffen: Denn in diesem Moment wird ein Fernstehender von einem Zuschauer zu einem Teilhaber des Glaubens, von einem, der am Glauben interessiert ist, zu einem, der den Schritt wagt und Christ wird. Für manche ist dies ein langsamer und schrittweiser Prozess, für andere geschieht dies plötzlich – doch es sind in jedem Fall Schritte auf der Glaubensreise, die jeder gehen muss.

Es ist wichtig, den Ernst der Nachfolge und Lebenshingabe an Christus zu betonen, wenn dies nicht schon durch das persönliche Zeugnis zu Beginn oder in den Gesprächen zum Ausdruck kam.

Wenn Sie die Unterlagen der Teilnehmenden zu diesem Punkt durchgehen, müssen Sie darauf achten, keinen Druck auszuüben. Es darf nicht der Eindruck entstehen, dass von den Teilnehmenden jetzt oder in den nächsten zwei Wochen eine Entscheidung oder Lebensübergabe erwartet wird. Sagen Sie klar und deutlich, dass einige Teilnehmende in der Gruppe schon vor einiger Zeit an diesem Punkt waren und andere noch weit davon entfernt sein können. Einige werden jedoch jetzt diesen Schritt auf ihrer Glaubensreise gehen wollen und wünschen diese Entscheidung durch eine Tauferneuerung (oder Taufe) zu bekräftigen. Ganz gleich, wo sich der Einzelne auf seiner Glaubensreise befindet, braucht er/sie ein Grundverständnis davon, wie man Christ wird und wie man im Gebet diesen Schritt in die Nachfolge tun kann.

Erklären Sie, dass es wichtig ist, einen solchen Schritt irgendwann auch in der Öffentlichkeit deutlich zu machen, dass es aber zunächst auch hilfreich sein kann, diesen Schritt für sich alleine oder im Gebet mit einem oder zwei Mitarbeitenden zu gehen. Sie finden dafür in den Unterlagen ein abgedrucktes Gebet. Besprechen Sie jeden Abschnitt und lesen Sie dann das Gebet laut vor.

Weisen Sie darauf hin, dass Sie sich im Laufe der nächsten Wochen gerne mit jedem Teilnehmenden treffen würden, nicht um ein Übergabegebet zu sprechen (außer natürlich, wo es gewünscht wird), sondern um zu besprechen, wie es den Einzelnen im Kurs geht, und um mögliche Fragen zu klären. Sie können darauf hinweisen, wo und zu welchen Zeiten Gespräche möglich sind und dass Sie für Terminvereinbarungen ansprechbar sind.

Abschluss des Abends

Es gibt verschiedene Möglichkeiten, den Abend zu beenden. Sie müssen sich einige Gedanken im Voraus machen, seien Sie jedoch offen für die Gruppensituation und Führung durch den Heiligen Geist.

- *Mit einem Gebet.* Es kann angemessen sein, in der Gruppe das Gebet aus den Teilnehmer-Unterlagen zu sprechen, wobei jedes Mitglied der Gruppe die Möglichkeit hat, das Gebet leise mitzusprechen.
- *Mit Gesprächsgruppen und Gebet.* Die Gruppen können entweder weiter über das Thema der Hingabe im Glauben sprechen oder sich der Frage „Wie geht es weiter?“ aus den ihnen vorliegenden Unterlagen zuwenden.
- *Mit einem kurzen Film, Zeugnis oder Musikstück.* Damit soll der Gedanke, Christus zu folgen, vertieft werden.

In jedem Fall schließen Sie den Abend mit einem Gebet ab und mit einem Hinweis auf die nächste Woche: Dann beginnt der 2. Themenblock des Kurses zu dem Thema: Beten lernen.

Zeit zur Begegnung

Es ist an diesem Abend besonders wichtig, für die Teilnehmenden da zu sein und wenn möglich mit jedem kurz zu sprechen.

Übersicht und Zeitplan

Bitte beachten Sie, dass die Gesamtzeit für diese Einheit etwas kürzer ist als für die anderen Treffen, weil die Einheit weniger neues Lehrmaterial enthält.

Begrüßung, Gebet und Zeugnis	10 Minuten
Einstiegsaufgabe	10
Diskussion in der Gesamtgruppe	10
Was ist ein Christ?	10
Die frohe Botschaft der Christen	10
Gesprächsgruppen und Plenum	10
Wie werde ich Christ?	15
Abschließende Lehreinheit und Gebet	5
Zeit zur Begegnung	

Einzelgespräche im Anschluss an Einheit 6

Diese Gespräche sollten möglichst in den zwei Wochen nach dem sechsten Abend stattfinden, unbedingt aber in den darauf folgenden vier Wochen. Es kann vorkommen, dass einzelne Teilnehmende kein persönliches Gespräch wünschen. Die meisten werden jedoch froh sein, das Gehörte noch einmal in einem persönlichen Gespräch besprechen zu können. Der Leiter und die Mitarbeitenden müssen gemeinsam besprechen, wer wen besucht. Die Weggefährten sollen an dieser Stelle möglichst einbezogen werden. Zweiergespräche sind normalerweise gut, wenn jedoch der Leiter bzw. der Mitarbeitende und der Teilnehmende unterschiedlichen Geschlechts sind, sollte eine dritte Person dazukommen.

Der Schlüssel für die Gesprächsführung mit einzelnen Personen ist das Zuhören. Was die einzelnen Personen erlebt und erfahren haben, ist unterschiedlich. Deshalb sollten Sie nie zu einem Gespräch gehen mit einer Vorentscheidung über das, was in dem Gespräch geschehen soll. Sie sollten sich jedoch immer vornehmen, sorgfältig und aufmerksam zuzuhören. Nach einer lockeren Unterhaltung am Anfang bitten Sie den Teilnehmenden, Ihnen die Geschichte seiner bisherigen Glaubensreise zu erzählen. Die Teilnehmenden werden unterschiedliche Ausgangspunkte wählen – doch in der Regel liegt dieser Startpunkt Jahre vor ihrem Einstieg in den Emmaus-Kurs.

Das Zuhören wird einige Zeit dauern. Normalerweise ist es nicht sehr schwierig, jedoch ist es wichtig, ein aufmerksamer Zuhörer zu bleiben. Wenn es notwendig ist, helfen Sie dem Erzähler, dass er nicht den Faden verliert; ansonsten sollten Sie nicht unterbrechen. Am Ende der Erzählung ist es gut, drei Fragen bereit zu haben, die man stellen sollte, wenn es passend ist:

1. Wo stehen Sie jetzt Ihrer Einsicht nach in Ihrer Beziehung zu Gott?
2. Haben Sie noch Fragen, die im Kurs nicht beantwortet wurden?
3. Gibt es etwas, das wir im Gebet vor Gott bringen sollen?

Nicht alle drei Fragen sind in jedem Falle angemessen – und manche Frage ist vielleicht schon durch die Erzählung des Teilnehmenden beantwortet. Wenn noch Fragen offen geblieben sind, versuchen Sie, diese so gut wie möglich zu beantworten.

An dieser Stelle werden Sie entscheiden müssen, ob es richtig ist, mit dem Teilnehmenden zusammen zu beten und in welcher Form Sie beten wollen. Ein gutes Einfühlungsvermögen für die betreffende Person und eine große Offenheit für Führungen durch den Heiligen Geist sind notwendig. Sie können auf sehr unterschiedliche Weise vorgehen. Je mehr Erfahrung Sie in diesem Dienst haben, desto mehr werden Sie Ihren eigenen Stil entwickeln. Hier sind zunächst noch einige Hinweise:

– Wenn die betreffende Person noch sehr viele Fragen hat, kann es das Beste sein, nicht zu beten oder nur ein kurzes Segensgebet zu sprechen. Viele der

Fragen und Hindernisse werden vielleicht im Verlauf des weiteren Kurses für die Person geklärt und aus dem Weg geräumt, so dass zu einem späteren Zeitpunkt ein weiterführendes Gespräch möglich wird.

– Ein Teilnehmender möchte ein Leben mit Jesus Christus beginnen und das Gebet aus den Teilnehmer-Unterlagen beten. Sprechen Sie das Gebet mit der betreffenden Person durch und leiten Sie die Person dann Schritt für Schritt durch die vier Teile des Gebetes: Vergebung, Bekenntnis des Glaubens, das Versprechen, Gott zu dienen und ein Glied der Gemeinde zu werden, die Bitte um den Heiligen Geist. Wenn Sie mit Menschen in dieser Weise beten, wird es manchmal sehr klare Zeichen von Gottes Wirken geben: ein Empfinden für Gottes Gegenwart, Tränen, Zungenrede oder andere geistliche Gaben. Häufig gibt es jedoch keine solchen „eindeutigen Zeichen". Was im Gebet geschieht, muss im Glauben empfangen werden. Die Erfahrung von Gottes Gegenwart im Leben der Person und eine Veränderung in seinem/ihrem Leben werden allmählich und stetig im Laufe der nächsten Wochen eintreten.

– Mit Teilnehmenden, die ein Leben mit Jesus beginnen wollen, können Sie die Möglichkeit eines persönlichen Bekenntnisses besprechen. Viele werden vor einem öffentlichen Bekenntnis Hemmungen und Fragen haben. Darum ist es wichtig, genau zu erklären, wie dies in der Gemeinde und im Ablauf des Gottesdienstes geschehen würde und was ein solches Bekenntnis bedeutet.

– Vielfach gibt es konkrete Hindernisse für den Glauben. Meistens ist dies eine Bitterkeit über ein zugefügtes Unrecht. Erst die Bereitschaft zur Vergebung wird hier den Weg für den Glauben freimachen. Ein Hindernis kann auch ein Lebensstil sein, der mit dem Evangelium nicht übereinstimmt. So können Streit in der Familie oder okkulte Praktiken in der Gegenwart oder Vergangenheit jemanden daran hindern, sein Leben Jesus anzuvertrauen.

– Eine Teilnehmende ist vielleicht schon seit einigen Jahren Christin, aber möchte nun ihr Leben neu Jesus übergeben. Die in den Unterlagen für die Teilnehmenden gewählten Worte sind auch in diesem Falle passend.

Im Blick auf die meisten neuen Christen ist dies ein guter Zeitpunkt, um sie zu ermutigen, eine klare Entscheidung für einen regelmäßigen Besuch des Gottesdienstes zu treffen. Hier sollten Sie die Erwartungen nicht zu tief ansetzen. Erklären Sie so einfach wie möglich, dass es zu einem Leben als Christ dazu gehört, sonntags im Gottesdienst dabei zu sein. Gott soll nicht die Zeit bekommen, die wir übrig haben, sondern ihm zuerst gehört unsere Zeit, und das restliche Wochenprogramm soll daran ausgerichtet sein. Wenn sich jemand nur entscheidet „etwas öfter" in den Gottesdienst zu kommen, setzt er sich damit einem ständigen geistlichen Konflikt und Anfechtungen aus. Jede Woche muss neu entschieden werden, ob man zum Gottesdienst kommt oder nicht. Man kann leicht sagen: „Ich lasse es diese Woche ausfallen und gehe dafür nächsten Sonntag wieder." Wenn einmal die Entscheidung gefallen ist: „Sonntags gehe ich in die Kirche", dann verschwindet der Kampf um die Entscheidung.

Die persönlichen Gespräche mit den Teilnehmenden sind darüber hinaus eine gute Möglichkeit zu besprechen, inwieweit Einzelne sich in die Gottesdienste einbringen wollen, die in ihrer Gemeinde im Zusammenhang mit dem Kurs gefeiert werden. Wenn der Begrüßungsgottesdienst nach Themenblock 1 oder Themenblock 2 gefeiert wird, muss dies mit jedem Teilnehmenden besprochen werden. Machen Sie auch deutlich, dass Teilnehmende, die nicht die Freiheit haben, an den Gottesdiensten teilzunehmen, weiterhin im Kurs herzlich willkommen sind.

Wenn die Zeit für das persönliche Gespräch um ist, kommen Sie zu einem natürlichen Schlusspunkt. Danken Sie der Person, dass sie sich die Zeit für das Gespräch genommen hat. Verabschieden Sie sich mit einigen ermutigenden Schlussworten.

Themenblock 2:
Wie Christen im Glauben wachsen

Einführung

Im Themenblock 1 des Emmaus-Kurses geht es darum, was Christen glauben, im Themenblock 2 darum, wie Christen wachsen. Die vier Kapitel in diesem Teil stützen sich hauptsächlich auf Apostelgeschichte 2, 42. Hier wird beschrieben, wie die ersten Christen nach Pfingsten lebten. Ziel von Themenblock 2 dieses Kurses ist es, die Teilnehmenden so auszurüsten, dass sie bis ans Ende ihres Lebens im christlichen Glauben wachsen.

Jedes der vier Themen (Gebet, Bibellesen, Zugehörigkeit zur Gemeinde und Abendmahl) kann einen ganzen Kurs füllen. In den weiterführenden Emmaus-Kursen gibt es zu jedem dieser Themen eine vier bis fünf Kapitel umfassende Einheit. Für Menschen, die neu zum Glauben gekommen sind, ist es jedoch erst einmal wichtig, dass sie in jedem dieser Themen eine Grundlage bekommen.

Wie bereits im Themenblock 1 des Kurses sind auch hier gute Lehreinheiten wichtig, jedoch werden der Anteil an Gruppenaufgaben und die Möglichkeiten zur Mitarbeit für die Teilnehmenden größer sein. Die Beteiligung der Teilnehmenden konzentriert sich dabei stärker auf das Thema als auf einzelne Zeugnisse und Erfahrungsberichte. Im Themenblock 1 wurden alle als Suchende und am Glauben Interessierte angesprochen. Im Themenblock 2 sollte man jetzt in den Lehreinheiten alle Teilnehmenden als neue, zum Glauben gekommene Christen ansprechen (obwohl einige schon seit Jahren gläubige Christen sind und andere diesen Schritt zum Glauben noch nicht getan haben). Für die Teilnehmenden, die noch fragend sind, ist es nämlich oft eine Hilfe, wenn im Themenblock 2 nicht mehr so direkt evangelistisch verkündigt wird wie im Block 1. Ihnen werden die Augen dafür geöffnet, wie viel es im christlichen Glauben zu entdecken gibt.

7. Mit Gott im Gespräch bleiben. Beten lernen

Einführung

In diesem Kapitel sollen einige einfache und grundsätzliche Aussagen zum Gebet vermittelt werden. Es wird um das persönliche, tägliche Gebet gehen und, wenn genug Zeit bleibt, auch um das gemeinsame Gebet in einer Gruppe. Dieses Kapitel ist darüber hinaus eine Brücke zwischen Themenblock 1 und 2.

Das Gleichnis vom Sämann ist in diesem Zusammenhang wichtig. Darum sollten Sie es nicht auslassen, obwohl es nicht direkt zum Thema Gebet gehört. Das Gleichnis vom Sämann hat in dieser Einheit die gleiche Funktion wie das Gleichnis vom verlorenen Sohn in Themenblock 1. Die Gleichnisse geben den Teilnehmenden eine Grundlage, auf der sie sowohl die Lehreinheiten als auch das, was in ihrem eigenen Leben im Laufe der nächsten Monate an Veränderungen passiert, besser verstehen können.

Eine weitere Dimension des Kurses, die allmählich entwickelt werden sollte, ist das gemeinsame Gebet und Lob Gottes. Wie Sie dies einführen, wird sehr von der Tradition und Spiritualität Ihrer eigenen Gemeinde abhängen und von den Mitteln, die Ihnen zur Verfügung stehen. Verschiedene Anregungen hierzu finden Sie im Handbuch.

Normalerweise kann nach den hier gemachten Vorschlägen vorgegangen werden. Sie können z.B. das gemeinsame Singen beim siebten Treffen einführen. Aber Sie sollten die Freiheit haben, Ihrer eigenen Gruppensituation entsprechend vorzugehen. Wenn Sie das gemeinsame Singen zum ersten Mal einführen, bedenken Sie, dass einige davor zurückschrecken und in Verlegenheit kommen könnten. Gehen Sie damit so natürlich und locker wie möglich um. Normalerweise singen die Teilnehmenden gerne mit, wenn sie einmal diese anfängliche Schwelle überwunden haben.

Persönliche Zeugnisse kommen in den nächsten vier Kapiteln nicht vor. Das hat seinen Grund zum einen darin, dass im Themenblock 1 schon viele Zeugnisse vorkamen, zum anderen darin, dass die einzelnen Kapitel auch so schon viel Stoff enthalten. Es ist zu diesem Zeitpunkt außerdem nicht ratsam, fremde Personen in den Kurs zu integrieren.

Begrüßung, Gebet und gemeinsames Singen

Begrüßen Sie die Gruppe und geben Sie einen kurzen Rückblick auf das letzte Treffen. Wenn Sie gemeinsames Singen einführen wollen, ist dies ein guter Zeitpunkt. Erklären Sie, warum es gut für Christen ist, gemeinsam zu singen. Wählen Sie dann ein Lied aus, das möglichst allen bekannt ist. Beginnen Sie mit einem Gebet.

Das Gleichnis vom Sämann

Bitten Sie eine/n Teilnehmende/n, die/der sich auf das Vorlesen vorbereitet hat, diesen Abschnitt laut zu lesen. Gehen Sie dann zu der Aufgabe in den Unterlagen der Teilnehmenden über.

Zum Abschluss der Gruppenarbeit gehen Sie die verschiedenen Böden, auf welche die Saat fällt, durch. Es kann sehr hilfreich sein, diese Böden als verschiedene Stadien, die ein neugeborener Christ durchläuft, zu beschreiben. Besonders wichtig ist es, die Teilnehmenden auf Zeiten der Anfechtung vorzubereiten. Sie werden erleben, dass Dornen wachsen und die aufkeimende Saat zu ersticken drohen. Schlagen Sie in einigen Auslegungen zu diesem Gleichnis nach!

Es lohnt sich, den Teilnehmenden eine Vorstellung davon zu geben, wie lange es dauert, bis aus dem Samen eine reife Frucht gewachsen ist: Wir gehen von zwei bis drei Jahren aus, wenn ein neu zum Glauben gekommener Mensch in einer Gemeinde mit guter Verkündigung und Unterstützung im Glauben lebt. An dieser Stelle bietet sich eine gute Möglichkeit, über die verschiedenen Angebote zu sprechen, die Sie im Anschluss an den Basiskurs den Teilnehmenden machen wollen. Diese Angebote sollen den Teilnehmenden helfen, im Glauben zu wachsen. In Kapitel 10 wird hierfür noch mehr Gelegenheit sein.

Einführung in Themenblock 2

Geben Sie einen kurzen Überblick über die nächsten vier Kapitel. Erklären Sie, warum die Themen wichtig sind, indem Sie kurz auf Apostelgeschichte 2,42 Bezug nehmen. Weisen Sie auf Unterschiede im Ablauf der Treffen in diesem zweiten Themenblock hin.

Gesprächsgruppen

Inzwischen wird bei den Teilnehmenden das Bedürfnis nach Gesprächsgruppen überwiegen. Teilen Sie darum die Gruppe in kleine Gesprächsgruppen auf und geben Sie den Gruppen folgende zwei Fragen mit in die Gesprächsphase:

- Identifizieren Sie sich mit einem der vier Böden bzw. mit einer der Gefahren für die Saat, wie sie in dem Gleichnis beschrieben werden?
- Was ist Ihre eigene Erfahrung mit dem Gebet?

Es ist gut, darauf hinzuweisen, dass Sie die Teilnehmenden nicht bitten werden, von dem Gruppengespräch in der Gesamtgruppe zu berichten.

Herr, lehre uns beten

In diesem Abschnitt sollen falsche Vorstellungen im Blick auf das Gebet korrigiert und der Gedanke einer täglichen Gebetszeit eingeführt werden. Die Überschrift für diesen Abschnitt stammt aus Lukas 11,1. Hier bitten die Jünger Jesus, dass er sie beten lehrt. Es ist wichtig zu betonen, dass Jesus auch heute noch für seine Jünger der Lehrer ist und jeden von uns individuell leitet.

Verdeutlichen Sie die einzelnen Punkte in den Teilnehmer-Unterlagen, nach Möglichkeit anhand von Beispielen. Betonen Sie, dass wir lernen müssen, wie man betet. Viele, die noch nicht lange Christen sind oder sich als „Saison-Christen" empfinden, fühlen sich schuldig, weil ihnen das Beten schwer fällt. Für die meisten von uns ist das Beten in der Regel schwer – aber wir können Hilfe bekommen und beten lernen.

Weisen Sie auch darauf hin, dass es wichtig ist, eine tägliche Gebetszeit einzuhalten, einen Platz dafür zu finden und die Zeit für das Gebet fest einzuplanen.

Gesprächsgruppen

Bitten Sie die Teilnehmenden wieder, miteinander ins Gespräch zu kommen und die Fragen in den Unterlagen zu besprechen. Lassen Sie etwas mehr Zeit für das Gruppengespräch, so dass ein tieferer Austausch über Gebetserfahrungen möglich wird. Bitten Sie die Gruppe, sich im Gespräch besonders auf die Frage nach Zeit und Ort zu konzentrieren sowie Überlegungen zu einer regelmäßigen Gebetszeit auszutauschen.

Täglich mit Gott im Gespräch

Eine Hilfe bei der Vorbereitung für diesen Abschnitt finden Sie in dem Buch von Bill Hybels, Aufbruch zur Stille, Asslar 1992.

Geben Sie eine kurze Einführung in die verschiedenen Möglichkeiten, eine Gebetszeit oder Stille Zeit zu gestalten und zu planen. Erwähnen Sie Bibellesehilfen und stellen Sie (wenn möglich) einige vor. Für neue Christen sind im Allgemeinen Bibellesehilfen, die nicht an den Jahreskalender gebunden sind, besser. Für die tägliche Andacht ist es gut, wenn man eine einfache Grundstruktur zum Entlanggehen hat. Luther empfahl, das „Herz zu erwärmen" durch Lieder, Gebete und Katechismusstücke. Dann betete er z.B. das Vaterunser und meditierte betend dessen einzelne Bitten. Oder er machte aus einzelnen Versen ein vierfaches Kränzchen: Was kann ich lernen? Wofür soll ich danken? Wo soll ich umkehren? Worum und für wen soll ich bitten? Das Gesangbuch (Evangelisches Gesangbuch) bietet auch eine einfache Form der persönlichen Andacht an. Liturgisch reicher sind die Ordnungen des „Evangelischen Tagzeitenbuchs". Sie können auch eine eigene Form, die Ihrer Tradition entspricht, anbieten.

Ganz gleich, welche Form man für die tägliche Stille Zeit wählt, es wird immer eine Zeit der Vorbereitung, des Hörens und des Redens mit Gott eingeschlossen sein. Stellen Sie diese drei Elemente der Gebetszeit kurz vor und bitten Sie dann die Teilnehmenden, die Aufgabe in den Unterlagen in Kleingruppen auszufüllen.

Zeit für Fragen und Gespräch im Plenum

Fassen Sie die Vorschläge der Gruppen zu den drei Aspekten Vorbereitung, Hören und Reden mit Hilfe eines Flipchart oder auf einer Folie für den Overhead-Projektor zusammen. Sie können die Liste durch eigene Stichpunkte ergänzen, wenn die Teilnehmenden wichtige Aspekte nicht bedacht haben. Gehen Sie dann über zu einer allgemeinen Frage- und Antwort-Zeit über das Gebet und die Gebetspraxis.

Gebet in Kleingruppen

Es ist wichtig, dass das gemeinsame Gebet nicht unter Zeitdruck eingeführt wird. Darum verschieben Sie die Gebetsgemeinschaft lieber auf den Anfang des nächsten Treffens, wenn Sie jetzt schon im Zeitverzug sein sollten.

Erklären Sie, warum das gemeinsame Gebet wichtig ist. Sagen Sie auch, dass es für manchen besonders am Anfang schwierig ist und Überwindung kostet. Gehen Sie nun die Vorschläge zum gemeinsamen Gebet in den Teilnehmer-Unterlagen durch.

Gebet und Abendandacht

Versuchen Sie, eine Form für das gemeinsame Beten und Singen zu finden, die in den folgenden Wochen für die Gruppe zu einem festen Ablauf wird. Vielleicht können Sie als Gerüst ein vorformuliertes Abendgebet nehmen. Lassen Sie im Fürbittenteil Zeit für einzelne Gebetsbeiträge aus der Gruppe. Weisen Sie jedoch darauf hin, dass die Gruppe auch im stillen Gebet bleiben kann, falls keiner aus der Gruppe laut beten möchte. Schließen Sie die Andacht mit dem Vaterunser und dem Segen ab.

Zeit zur Begegnung

Es ist gut, wenn Sie an diesem Abend eine kleine Auswahl an Bibellesehilfen sowie Bücher oder Hefte für die tägliche Gebetszeit bereithalten. Die Teilnehmenden sollten diese entweder kaufen oder ausleihen können.

Übersicht und Zeitplan

Begrüßung, Gebet und gemeinsames Singen	5 Minuten
Das Gleichnis vom Sämann (Gruppenaufgabe)	10
Das Gleichnis vom Sämann (Auslegung)	10
Einführung in Themenblock 2 des Kurses	5
Gesprächsgruppen	5
Herr, lehre uns beten	10
Gesprächsgruppen	10
Täglich mit Gott im Gespräch	10
Zeit für Fragen und Gespräch im Plenum	10
Gebet in Kleingruppen	5 – 10
Gebet und Abschlussandacht	5 – 10
Zeit zur Begegnung	

8. Wegweiser durch die Zeiten. Vom Umgang mit der Bibel

Einführung

Ziel dieses Kapitels ist es, den Teilnehmenden eine Einführung in die Bedeutung der Bibel zu geben. Sie sollen in Grundzügen den geschichtlichen Hintergrund des Alten und Neuen Testaments kennen lernen und eine praktische Anleitung zum Bibellesen bekommen.

Wie bei jeder Wissensvermittlung ist es auch hier wichtig, den Bedürfnissen und Fähigkeiten der Gruppe entsprechend vorzugehen. Für manche Teilnehmende kann dies zu einfach, für andere zu anspruchsvoll sein. Sie können manches über den geschichtlichen Hintergrund des Alten und Neuen Testaments weglassen und statt dessen mehr Gewicht auf unseren Umgang mit der Bibel und das Hören auf Gottes Reden durch sein Wort legen. Niemand kann an nur einem Abend vollständig in die Bibel eingeführt werden. Weiteres Material zu diesem Thema finden Sie in der vierwöchigen Einheit zur Bibel in dem weiterführenden Emmaus-Material.

Es wäre eine große Hilfe, wenn Sie an diesem Treffen verschiedene Bibeln und Bibelübersetzungen (wenn möglich einschließlich eines hebräischen Alten und eines griechischen Neuen Testaments) auslegen könnten. Auch eine Auswahl an Bibellesehilfen und Kommentaren zur Ansicht, zum Ausleihen oder zum Kauf wäre hilfreich.

Begrüßung und Gebet

Begrüßen Sie die Gruppe wie gewohnt und beginnen Sie dann mit Gebet und Liedern in der vereinbarten Form. Erinnern Sie kurz an das Thema des letzen Treffens und stellen Sie das Thema des heutigen Abends vor, indem Sie z.B. von Ihrer eigenen Erfahrung und Praxis erzählen.

Meine persönliche Erfahrung mit der Bibel

Es lohnt sich möglicherweise, die Teilnehmenden aufzufordern, sich in Gruppen über ihre Gebetserfahrungen seit der letzten Woche auszutauschen. Haben Teilnehmende vielleicht ihre Gebetsgewohnheiten geändert? Fanden sie das Thema schwierig oder leicht? Dann sollten die Kleingruppen dazu übergehen, die Fragen in der Teilnehmermappe zu besprechen.

Warum ist die Bibel einzigartig?

Sie müssen zuerst hervorheben, dass die Bibel einzigartig ist, und dann die Gründe dafür mit der Gruppe erarbeiten. Hier wäre der Platz für eine kleine Bibelausstellung. Vielleicht können Sie auch Poster oder ein Video mit einbringen. Möglicherweise hat auch Ihre Stadtbücherei oder die religionspädagogische Mediothek Material zu diesem Thema.

Wenn die Teilnehmenden die Bibelstellen nachschlagen und in kleinen Gruppen aufschreiben, was in den Textstellen ausgesagt wird, werden sie das Selbstzeugnis der Bibel entdecken.

Ein Blick ins Alte Testament

Viele Christen, auch solche, die schon länger im Glauben leben, haben große Schwierigkeiten, das Alte Testament zu verstehen und zu lesen. Darum lohnt es sich, eine etwas längere Einführung in diesen Teil der Bibel zu geben. Sie sind vielleicht selbst mit dem Alten Testament nicht so vertraut wie mit dem Neuen. Dann fordert dieser Abschnitt des Kurses von Ihnen mehr Vorbereitung und Zeit zum Einlesen als sonst.

Ein kurzer Ausflug in die Geschichte

Dies soll den Teilnehmenden Spaß machen. Hier darf mehr Unkenntnis als Geschichtswissen zu Tage kommen. Dennoch wird auf diese Weise ein grober Überblick über die Geschichte Israels gewonnen. Die Teilnehmenden sollten diese Aufgabe immer in Gruppen und nicht alleine machen.

Das Alte Testament erzählt …

Im Anschluss an die kleine Geschichtsaufgabe für die Gruppen können Sie die zentralen Geschichten und Ereignisse aus dem AT streiflichtartig erzählen. Gedacht ist hier an die alttestamentlichen Geschichten um Abraham, Mose und den Exodus, David und das Exil. Durch Ihre Darstellung sollen die Teilnehmenden ein grobes Raster der Geschichte Israels bekommen. Dies wird für viele, die neu zum Glauben gekommen sind, sehr hilfreich sein.

Und nun ein Blick ins Neue Testament

Der Abschnitt über das Neue Testament ist ähnlich wie der über das Alte aufgebaut. Die Teilnehmenden lernen die Entstehung des Neuen Testaments kennen, in der Reihenfolge, in der es vermutlich niedergeschrieben wurde:

- Jesus hat selbst nichts geschrieben. Auch die ersten Jünger haben direkt nach der Auferstehung Jesu noch nichts aufgeschrieben.
- Die Briefe wurden als Erstes niedergeschrieben. Die Apostel haben Gemeinden gegründet. Diese konnten sie nicht ohne Schwierigkeiten besu-

chen (wegen schlechter Reisebedingungen). Darum haben sie geschrieben, um sie zu ermutigen, zu lehren und in ihrem Glauben zu korrigieren.

- Erst als die Generation von Jüngern, die mit Jesus gelebt hatte, älter wurde, begann man, ihre Berichte und Zeugnisse über Jesus aufzuschreiben. Bis zu diesem Zeitpunkt gab es nur mündliche Überlieferungen der Taten und Worte Jesu. Man begann mit dem Niederschreiben in verschiedenen Gemeinden in unterschiedlichen Teilen des Römischen Reiches. Daraus sind die vier Evangelien entstanden.
- Die Apostelgeschichte wurde von dem Erzähler des Lukasevangeliums geschrieben. Hierin wird die Geschichte der ersten Gemeinden erzählt.
- Als Letztes wurde die Offenbarung geschrieben. Dieser Teil des Neuen Testaments ist am schwersten zu verstehen.

Gesprächsgruppen und Plenum

Im Anschluss an den vielen Lehrstoff ist es gut, reichlich Zeit in den Gruppen zu verbringen, damit das Gehörte verdaut und Fragen gesammelt werden können. Wenn der Zeitpunkt gekommen ist, bringen Sie die Gruppen wieder zusammen für ein abschließendes Gespräch im Plenum.

Wie lesen wir heute die Bibel?

An dieser Stelle soll es um einfache, praktische Hilfen für das Bibelstudium gehen. Einiges ist dazu in den Teilnehmer-Unterlagen abgedruckt. Die Teilnehmenden können sich darüber austauschen, was sie selbst als hilfreich empfunden haben.

Abschlussandacht

An diesem Abend ist es gut, mit einer biblischen Besinnung abzuschließen. Dafür kann man entweder einen Bibelvers oder einen Abschnitt aus einem Evangelium auswählen und in Gedanken darüber reflektieren. Wenn Sie die Gruppe in Gedanken auf einen Besuch Jesu bei Maria und Marta mitnehmen, kann dies gleichzeitig eine Möglichkeit sein, die beiden letzten Kapitel zusammenzufassen.

Übersicht und Zeitplan

Begrüßung und Gebet	5 Minuten
Meine persönliche Erfahrung mit der Bibel	10
Warum ist die Bibel einzigartig?	10
Ein Blick ins Alte Testament	10
Ein kurzer Ausflug in die Geschichte	5
Das Alte Testament erzählt ...	10
Und nun ein Blick ins Neue Testament	10
Gesprächsgruppen und Plenum	10 – 15
Wie lesen wir heute die Bibel?	10
Abschlussandacht	5 – 10
Zeit zur Begegnung	

9.
Gemeinsam unterwegs. Ohne Gemeinde geht es nicht!

Einführung

Die Teilnehmenden, die neu zum Glauben gekommen oder auf dem Weg dorthin sind, müssen erst noch erfahren, was die Gemeinde Jesu ist, wie sie dazugehören und was ihre eigene Verantwortung und Erwartung sein sollte. Dieses Kapitel ist wieder nur eine Einführung in das Thema. Die weiterführenden Emmaus-Kurse enthalten eine vier Kapitel umfassende Einheit, die das Thema weiter vertieft.

Dieses Kapitel ist sehr umfangreich, und Sie können vielleicht nicht alles an einem Abend behandeln. Wählen Sie entsprechend den Bedürfnissen Ihrer Gruppe das Wichtigste aus. Wenn einige Teilnehmende aus Ihrer Gruppe bald getauft werden sollen, brauchen Sie möglicherweise ein weiteres Treffen, um das Thema Taufe vertiefen zu können. Es ist darüber hinaus besonders wichtig, dass die Teilnehmenden etwas über Ihre eigene Ortsgemeinde erfahren: über die Geschichte der Gemeinde, Schwerpunkte der Gemeindearbeit und Visionen für die nächsten Jahre.

In manchen Gruppen kommen viele Fragen auf über unterschiedliche Glaubensauffassungen und Denominationen, und Sie müssen dafür Zeit einräumen. Sie können als Gruppenleiter natürlich nicht in jedem Thema Experte sein, aber es lohnt sich sicher, zur Vorbereitung eine kurze Zusammenfassung über Unterschiede und Gemeinsamkeiten zwischen verschiedenen christlichen Traditionen zu lesen.

Begrüßung und Gebet

Halten Sie dies in der Tradition, die Sie für die Gruppe allmählich entwickeln.

Gemeinsamer Austausch

Dies kann eine hilfreiche Gesprächsphase werden. Geben Sie den Teilnehmenden wieder Zeit, ihre Reise zum Glauben zu erzählen. Dabei soll es besonders darum gehen, welche Bedeutung die eigene Gemeinde/Kirche auf dieser Glaubensreise hatte. Ermutigen Sie die Teilnehmenden, auch schlechte Erfahrungen und offene Fragen einzubringen. Geben Sie den Gruppen genug Zeit für den Austausch und das Sammeln von Fragen. Bitten Sie dann die Gruppen, ihre Gespräche im Plenum zusammenzufassen. Sie können die verschiedenen Antworten auf die Schlussfrage aus der Teilnehmermappe an einem Flipchart sammeln.

Wie wichtig ist es, zu einer Gemeinde zu gehören?

Im Anschluss an die Diskussion können Sie kurz erklären, warum für einen Christen eine Gemeindezugehörigkeit wichtig ist. Danach können die Teilnehmenden wieder in kleinen Gruppen über die Beschreibung der Urgemeinde in der Apostelgeschichte sprechen und die Fragen aus den Teilnehmer-Unterlagen beantworten.

Was ist die Kirche? Drei Bilder aus der Bibel

Diesen Abschnitt können Sie in der Gesamtgruppe durchgehen. Es fördert diese Lehreinheit besonders, wenn Sie visuelle Hilfsmittel verwenden und die Gruppe inzwischen relativ sicher im Aufschlagen von Bibelstellen ist. Alternativ können die Teilnehmenden die Bibelstellen in kleinen Gruppen nachschlagen. Eine weitere Möglichkeit ist es, anstelle der Bibelabschnitte das Glaubensbekenntnis zu nehmen und die Erklärung zur Kirche zu besprechen.

Gesprächsgruppen und Lehreinheit

Durch das Bibelstudium hat die Gruppe ein Grundverständnis von Kirche. In Kleingruppen soll es nun um die Geschichte, die Prioritäten und die Vision der Kirchengemeinde gehen. Möglicherweise wissen die Teilnehmenden hierzu nicht viel. Sie können nach ein paar Minuten das Gespräch wieder in der Gesamtgruppe zusammenfassen und eine kurze Informationseinheit anschließen. Ihr kurzer Vortrag sollte an die Aussagen der Teilnehmenden anknüpfen und unter der Überschrift stehen: Die Geschichte, die Prioritäten und die Vision unserer eigenen Gemeinde.

Mittendrin geht's uns gut – Wie Christen zur Kirche gehören

Gehen Sie die Punkte in den Unterlagen für die Teilnehmenden kurz durch und erklären Sie, was jeweils gemeint ist. Ein Schaubild mit konzentrischen Kreisen ist hilfreich. Geben Sie einige Hintergrundinformationen zu Ihrer Denomination, zu Ihrer Kirchengemeinde und dazu, wie Gemeindekreise und Gruppen in Ihrer Gemeinde aufgebaut sind. Später wird noch mehr dazu gesagt werden, aber es ist eine Hilfe, die Teilnehmenden schon jetzt mit Grundzügen der Gemeinde vertraut zu machen.

Zeit für Fragen und Gespräch im Plenum

Inzwischen haben die Teilnehmenden sicher eine Menge Fragen. Es ist an diesem Punkt des Kurses wahrscheinlich nicht mehr notwendig, die Fragen zuerst in Kleingruppen zu sammeln. Ermutigen Sie die Teilnehmenden, alles zu fragen, was sie über das Gemeindeleben und die Praktiken der Kirche wissen wollen. Teilen Sie die Fragen – so gut es geht – in Themengruppen ein.

Mitglied der Kirche/Gemeinde werden

Beenden Sie die Einheit mit einer Erläuterung zum Eintritt in die Kirche/ Gemeinde. Betonen Sie dabei die Bedeutung der Taufe, wie es in den Teilnehmer-Unterlagen dargelegt ist.

Abschlussandacht

Halten Sie sich an die eingeführte Form. Wenn Sie die Gruppe mit der Gebetsgemeinschaft vertraut machen wollen, geben Sie Zeit, damit die Teilnehmenden Dank- und Fürbitteanliegen auf Zetteln aufschreiben können. Halten Sie dazu Papier und Stifte bereit. Die Gebetsanliegen können dann entweder von Teilnehmenden oder vom Leiter vorgelesen werden. Denken Sie auch daran, für die Kirche und die Gemeinde zu beten. Je nachdem wie Sie die Einheit über das Abendmahl geplant haben, müssen Sie den Teilnehmenden noch einige Hinweise im Voraus geben. Sagen Sie kurz, was geplant ist und weisen Sie auf das Gemeinschaftsmahl hin.

Übersicht und Zeitplan

Begrüßung und Gebet	5 Minuten
Gemeinsamer Austausch	15
Wie wichtig ist es, zu einer Gemeinde zu gehören?	10
Was ist die Kirche? Drei Bilder aus der Bibel	10
Gesprächsgruppen und Lehreinheit	10
Wie Christen zur Kirche gehören	10
Zeit für Fragen und Gespräch im Plenum	10 – 15
Mitglied der Kirche werden	10
Abschlussandacht	5 – 10
Zeit zur Begegnung	

10.
Stärkung auf dem Weg. Abendmahl feiern

Einführung

Es gibt verschiedene Möglichkeiten, dieses Thema zu behandeln.

1) Als Lehreinheit über das Abendmahl (so wie in den Teilnehmer-Unterlagen vorgegeben).

2) Den Abend mit einem Feierabendmahl (Abendmahlsfeier in freier Form) verbinden. Dies bedeutet, dass weniger Lehrstoff durchgegangen werden kann. Bitten Sie in diesem Fall die Teilnehmenden, das Material bis zur nächsten Woche durchzulesen.

3) Eine Lehreinheit in Verbindung mit einer Vorbereitung für eine Abendmahlsfeier in der darauf folgenden Woche. Dies bedeutet, den Kurs um eine Woche zu verlängern.

Die Entscheidung wird davon abhängen, wie viel Zeit Sie für den Kurs einplanen können und davon, ob jemand, der die Abendmahlsfeier leiten kann, an dem entsprechenden Abend in den Kurs kommen kann.

Die zweite Möglichkeit hat den Vorteil, dass die Gemeinschaft in der Gruppe vertieft wird, wenn sie zu diesem Zeitpunkt gemeinsam Abendmahl feiert, darüber hinaus aber auch über die Bedeutung der Mahlfeier sprechen kann. Es ist gut, wenn Teilnehmenden außerdem im Rahmen der Feier die Möglichkeit gegeben wird, für sich unter Handauflegung beten zu lassen.

Die Gliederung des Kapitels für die Leiter folgt dem zweiten Vorschlag. In den Teilnehmer-Unterlagen folgt die Gliederung jedoch dem ersten Vorschlag. Am Ende des Kapitels werden darum zwei Zeitpläne aufgeführt (für 1 und 2).

Da der Emmaus-Kurs für unterschiedliche Denominationen offen sein will, haben sich die Autoren bemüht, eine einfache und ökumenische Sprache zu verwenden, sowohl im Text für die Leiter als auch in den Unterlagen für die Teilnehmenden. Sie können nach eigenem Ermessen diese Einheit durch eigenes gemeindespezifisches Material ergänzen.

Begrüßung und Gebet

Der Ablauf bleibt weitgehend gleich, abgesehen davon, dass Sie den Anbetungsteil in die Abendmahlsfeier verlegen sollten. Erklären Sie den Ablauf des Abends (im Groben sollte dies schon letzte Woche geschehen sein). Begrüßen Sie Gäste, die an der Mahlfeier teilnehmen sollen (wie z.B. den

Liturgen oder Musiker). Sie müssen sich vorher Gedanken machen, ob Teilnehmende, die noch nicht getauft oder konfirmiert sind, auch das Abendmahl empfangen sollen oder nicht. Erklären Sie bitte Ihre Entscheidung der Gruppe.

Austausch mit einem Partner

Gehen Sie nach der Teilnehmermappe vor. Die Fragen für das Partnergespräch ermöglichen den Teilnehmenden, einen weiteren Teil ihrer Lebensgeschichte mitzuteilen. Außerdem wird angesprochen, dass das Abendmahl ursprünglich als gemeinsames Essen gefeiert wurde.

Warum feiern wir das Abendmahl?

Nun folgt eine Lehreinheit in Verbindung mit der Vorbereitung und Feier des Abendmahls nach der im Folgenden vorgeschlagenen Gliederung. Dabei können Sie die Punkte 2 – 6 aus den Unterlagen für die Teilnehmenden an entsprechender Stelle einbringen.

Wie wir Gottesdienst feiern

Dies kann eine Lehreinheit auf der Grundlage der Teilnehmer-Unterlagen sein und gleichzeitig eine Vorbereitung für den Gottesdienst, der gefeiert werden soll. Sie können die einzelnen Punkte in den Unterlagen kurz durchgehen und dann erklären, wie der Gottesdienst ablaufen soll.

Wir bereiten die Abendmahlsfeier vor

Je nach Zusammensetzung der Gruppe können Sie sie in Kleingruppen aufteilen, die jeweils unterschiedliche Teile des Gottesdienstes vorbereiten. Vorbereitet werden kann: die Lesung (der Text sollte vorher ausgewählt werden), die Lieder (geben Sie der Gruppe eine Gliederung des Gottesdienstablaufes), die praktische Vorbereitung (Bücher, Abendmahlsgeräte, Brot und Wein) und das Fürbittengebet. Meist funktioniert die Vorbereitung am besten, wenn jede Gruppe einen Leiter hat, der schon etwas vorgearbeitet hat. Die Teilnehmenden können dann selbst entscheiden, in welcher Gruppe sie mitarbeiten wollen.

Der Wortgottesdienst

Der Liturg sollte kurz den Ablauf der Feier erklären und die Gruppe durch die Liturgie des Wortgottesdienstes führen. Wenn nötig, kann er Pausen für Erklärungen einlegen. Normalerweise ist bei dieser Abendmahlsfeier aber keine Predigt vorgesehen.

Der Friedensgruß

Auch hier ist eine Erklärung notwendig, warum der Friedensgruß wichtig ist. Lassen Sie genug Zeit, damit alle einander den Friedensgruß zusprechen können.

Der Sakramentsgottesdienst: Einsetzungsworte und Austeilung

Um einzelne Teile der Abendmahlsfeier zu erklären, kann der Liturg Bezug nehmen auf die Abschnitte in den Teilnehmer-Unterlagen: „3. Dies tut zu meinem Gedächtnis" und „4. Die Abendmahlshandlung".

Es ist wichtig, dass Sie deutlich erklären, wie die Teilnehmenden das Abendmahl empfangen sollen.

Möglichkeit zur persönlichen Fürbitte und Segnung

Je nachdem wie die Gruppe zusammengesetzt ist, kann es angemessen sein, persönliche Fürbitte um Heilung, Führung, Kraft, Erneuerung oder andere Gaben Gottes anzubieten. Die einzelnen Kirchen und Gemeinden haben hier eine unterschiedliche Praxis. Dies ist eine Möglichkeit, den Teilnehmenden persönliche Segnung anzubieten: Die Personen, die Fürbitte wünschen, bleiben nach dem Empfang des Abendmahls stehen. Liturg/in, Gruppenleiter/in oder Pfarrer/in kann dann unter Handauflegung für die stehenden Personen beten (wenn es gewünscht und angemessen ist, können die Personen auch mit Öl gesalbt werden). Es ist manchmal möglich, die Teilnehmenden, die rechts und links von der Person sitzen, in die Segnung einzubeziehen, indem sie ebenfalls ihre Hände auflegen. Die ganze Gruppe sollte die Segnung im Gebet begleiten. Es sollte nicht Voraussetzung für die Segnung sein, dass die betreffende Person ein Anliegen ausspricht. Jedoch sollte es, wenn gewünscht, möglich sein, einige kurze Sätze zu sagen.

Lieder und Schlussgebet

Beenden Sie den Gottesdienst mit einem Dank- und Hingabegebet. Weisen Sie die Teilnehmenden auf das nächste Treffen hin, mit dem Themenblock 3 des Basiskurses beginnt. Bitten Sie die Teilnehmenden außerdem, die Anregungen für die „Schritte auf dem Weg" zum Gebet und zur Abendmahlsfeier in ihren Unterlagen zu beachten.

Zeit zur Begegnung und kleines gemeinsames Abendessen

Da die Gruppe gemeinsam Abendmahl gefeiert hat, wäre es eine gute Möglichkeit, diesen Abend mit einem kleinen gemeinsamen Essen abzuschließen, wobei jeder Teilnehmende etwas zu essen mitbringen kann und das Mitgebrachte untereinander geteilt wird. Dies bedeutet natürlich, dass die Gruppe etwas länger bleibt als sonst.

Übersicht und Zeitplan

1) ABLAUF FÜR DEN ABEND ALS LEHREINHEIT (OHNE ABENDMAHLSFEIER)

Begrüßung und Gebet	5 Minuten
Austausch mit einem Partner	10
Warum feiern wir das Abendmahl?	10
Gesprächsgruppen	10
Dies tut zu meinem Gedächtnis	10
Die Abendmahlshandlung	10
Ein Gottesdienst mit vielen Namen	5
Gesprächsgruppen und Fragen	10
Wie wir Gottesdienst feiern	5
Abschlussandacht	5
Zeit zur Begegnung (und Imbiss)	

2) LEHREINHEIT IN VERBINDUNG MIT EINER ABENDMAHLSFEIER

Begrüßung und Gebet	5 Minuten
Austausch mit einem Gesprächspartner	5
Warum feiern wir das Abendmahl?	5 – 10
Gesprächsgruppen und Fragen	5 – 10
Wie wir Gottesdienst feiern	5
Wir bereiten die Abendmahlsfeier vor	15
Worte zur Abendmahlsfeier	15
Der Friedensgruß	5
Die Austeilung des Abendmahls	20
Schlussgebet und Einführung in Themenblock 3	5
Zeit zur Begegnung/Gemeinsames Abendessen	

Themenblock 3:
Als Christ im Alltag leben

Einführung

Themenblock 3 des Basiskurses beschäftigt sich mit fünf verschiedenen Aspekten des christlichen Lebens: Ethik und Lebensstil, Dienst, Arbeit und Geld, Beziehungen und das Weitersagen des Evangeliums. Es wird hier nicht der Versuch gemacht, jeden Bereich des christlichen Lebens abzudecken. Auch sollen die einzelnen Kapitel nur eine Grundlegung oder Einführung in ein bestimmtes Thema geben. Einige dieser Themen können wieder in den weiterführenden Emmaus-Kursen vertieft werden.

Zu Beginn von Themenblock 3 kann man davon ausgehen, dass die Teilnehmenden sich inzwischen recht gut kennen. Entsprechend wird die Gemeinschaft in der Gruppe intensiver und tiefer. Zum Ende des Kurses beschleunigt sich diese Entwicklung. Der Ablauf der einzelnen Treffen ist diesem Prozess angepasst. Die folgenden fünf Kapitel haben weniger direkte Lehreinheiten, dafür kommen mehr Gruppenaufgaben, Gesprächseinheiten, gemeinsames Erarbeiten und Austauschen hinzu. In diesem Teil des Kurses kommt außerdem gemeinsames Bibelstudium häufiger vor. Dafür wäre ein Satz Bibelausgaben mit übereinstimmenden Seitenzahlen gut. Das Gebet und das gemeinsame Singen sollten sich auf der Grundlage, die Sie eingeführt haben, weiterentwickeln.

Im Verlauf der letzten fünf Kurswochen sollten Sie sich Gedanken darüber machen, wie jeder Teilnehmende in den Wochen und Monaten nach dem Kurs im Glauben weiter wachsen kann. Der Basiskurs ist nur ein Anfang im Lernen über den christlichen Glauben. Es gibt vier Dinge, die Sie bedenken sollten:

1) Wird die Person weiter in einer kleinen Gruppe bleiben? Wenn ja, in welcher?

2) Würde die Person von einem regelmäßigen Kontakt mit einem anderen Christen profitieren (wie z.B. ein vierzehntägiges Treffen zum Gebet und Austausch)? Dies wird teilweise davon abhängen, wie sich die Beziehungen zu den Weggefährten entwickeln.

3) In welcher Form werden die Teilnehmenden in einem Gottesdienst zum Ausdruck bringen, was sich im Laufe des Kurses an ihrem Glauben geändert hat? Welche der vorgeschlagenen Gottesdienste (Begrüßungsgottesdienst, Vorbereitungsgottesdienst, Tauf-/Tauferneuerungsgottesdienst, Gottesdienst, in dem sich jemand zur verbindlichen Nachfolge Jesu bekennt) sollen mit der Gruppe gefeiert werden?

4) Ist es möglich, dass die Person in irgendeiner Form in der Gemeinde mitarbeitet?

Weitere Hinweise darüber, wie man nach dem Basiskurs Gruppen weiterführen kann, finden Sie im Handbuch (Teil A: Einführung in den Emmaus-Kurs).

Da es gegen Ende des Kurses viel zu besprechen gibt, ist es gut, wenn Sie versuchen, jeden Teilnehmenden in den nächsten fünf Wochen persönlich zu besuchen. Eine einfache Tabelle (ungefähr wie die folgende) kann eine Hilfe sein, wenn Sie die Teilnehmenden ermutigen wollen weiterzumachen.

Name und Anschrift	Gruppe	Kontaktperson	Gottesdienstwunsch	Mitarbeit in der Gemeinde

Wenn Sie diese Gespräche mit einzelnen Teilnehmenden planen, denken Sie daran, dass einige vielleicht noch keine klare Entscheidung für ein Leben mit Jesus getroffen haben und darum auch nicht wissen müssen, wie sie im Glauben wachsen können. Es kann bis zum Ende des Kurses Teilnehmende geben, die nicht wissen, ob sie Christen werden wollen oder nicht. Man kann ihnen vielleicht durch Einzelgespräche helfen. Vielleicht möchten sie auch an einem zweiten Basiskurs teilnehmen.

An dieser Stelle des Kurses ist die Gruppe vielleicht gerne dazu bereit, eine längere, gemeinsame Zeit miteinander zu verbringen: einen halben oder ganzen Tag in einem Einkehrhaus, vielleicht auch mit Übernachtung (wobei dies länger im Voraus geplant werden muss). In dieser Zeit könnte man ein oder mehrere Kapitel des Basiskurses durchnehmen. Noch günstiger wäre es jedoch, ein Thema zu vertiefen, indem man z.B. das Emmaus-Material der weiterführenden Kurse zum Thema Identität, Gebet oder Heiliger Geist benutzt.

Sie müssen nun auch planen, ob Sie mit der Gruppe einen „Schnupperabend" für die möglichen Teilnehmenden des nächsten Basiskurses ausrichten wollen. Ein solcher Abend wäre ein Sprungbrett für den nächsten Kurs.

11.
Mit Gott auf dem richtigen Weg

Einführung

Dieses Kapitel gibt einen recht breiten Überblick über christliche Ethik und christlichen Lebensstil.

Begrüßung und Gebet

Handhaben Sie dies je nach Fortschritt der Gruppe. Vielleicht können Sie jetzt Teilnehmende bitten, sich vorzubereiten und mit einem Gebet zu beginnen. Stellen Sie dann die Themen für den dritten Themenblock des Basiskurses vor.

Leitplanken am Abgrund – Die Zehn Gebote

Bitten Sie die Teilnehmenden, in Gesprächsgruppen zu gehen. Möglicherweise gibt es noch Reaktionen und Gesprächsbedarf zum letzten Treffen, besonders wenn das Abendmahl gefeiert wurde. Danach sollen die Fragen in den Teilnehmer-Unterlagen bearbeitet werden. Bitten Sie jede Gruppe um ihre Antworten, bevor Sie gemeinsam 2. Mose 20 lesen. Gehen Sie die Liste der Gebote gemeinsam durch.

Die Anweisungen des Herstellers – Gottes Richtlinien für unser Leben

Nun folgt eine Lehreinheit und Gesprächsrunde auf der Grundlage der Teilnehmermappe. Wichtig ist hier zu erklären, warum Gott uns Richtlinien und Anweisungen für unser Leben gibt, nicht so sehr welche Richtlinien er gibt. Wenn möglich, erarbeiten Sie mit der Gruppe, inwiefern die Zehn Gebote gute oder notwendige Anweisungen für unser Leben sind.

Kämpfe den guten Kampf

In diesem Abschnitt liegt der Schwerpunkt auf dem Bibelstudium. Für den Einstieg wurde ein Zitat aus einer Taufliturgie gewählt. Hier werden drei Bereiche (Sünde, Welt und Teufel) genannt, in denen wir dem Bösen widerstehen müssen. Jeder Abschnitt in den Teilnehmer-Unterlagen sollte kurz von Ihnen vorgestellt werden. Danach kann die Gruppe die angegebenen Bibelstellen genauer studieren, entweder in Kleingruppen oder in der Gesamtgruppe.

Gesprächsgruppen und Zeit für Fragen

Wenn die vorige Aufgabe in der Gesamtgruppe bearbeitet wurde, ist es jetzt Zeit für Gesprächsgruppen, damit die Teilnehmenden sich austauschen und über das Gehörte nachdenken können. Geben Sie dann Gelegenheit zum Fragen.

Weg von der schiefen Bahn

Manche Dinge muss man Menschen, die neu zum Glauben gekommen sind, schwarz auf weiß vor Augen halten. Jetzt haben Sie die Gelegenheit dazu. Es ist sicher ratsam, auch auf okkulte Praktiken, spiritistische Sitzungen usw. hinzuweisen, aber achten Sie darauf, dass die gesamte Diskussion nicht in dieses Thema abgleitet. Es kann auch hilfreich sein, Freimaurerei und Sekten zu erwähnen, ebenso Beteiligung an ethisch nicht vertretbaren Investitionen, nicht ganz ehrliche Angaben bei der Steuererklärung, Unehrlichkeit am Arbeitsplatz, Pornographie, Horrorfilme usw. Sie müssen diese Dinge deutlich und einfühlsam ansprechen. Geben Sie den Teilnehmenden genug Zeit, um Fragen zu stellen. Wieder sollte die Betonung darauf liegen, warum diese Dinge schlecht für uns sind, und warum es falsch ist, sich damit zu beschäftigen. Es geht hier nicht darum, einen Katalog von verbotenen Dingen aufzustellen.

Richtig oder falsch

Der größte Teil der noch verbleibenden Zeit kann für die Fallbeispiele in den Unterlagen der Teilnehmenden verwendet werden. Vielleicht möchten Sie die einzelnen Fälle noch etwas deutlicher und lebendiger schildern oder durch eigene Beispiele ergänzen. Die Teilnehmenden sollten mit der Aufgabe alleine zurechtkommen, entweder in Kleingruppen oder im Plenum. Es ist nicht notwendig, die ganze Liste der Beispiele zu besprechen.

Sie werden wahrscheinlich feststellen, dass die Teilnehmenden sehr unterschiedliche Ansichten haben. Das ist gut so. Versuchen Sie nicht, alle auf eine Linie zu bringen. Es gibt viele Situationen, in denen Christen unterschiedlicher Ansicht darüber sein können, welches der richtige Schritt nach vorne ist. Einige der beschriebenen Situationen müssen mit großem Einfühlungsvermögen besprochen werden, besonders die erste, da möglicherweise Teilnehmende selbst in genau dieser Situation sind.

Gut ausgerüstet geht's voran – Glaubensprüfungen im Alltag bestehen

Fassen Sie den Abend zusammen mit einer abschließenden Lehreinheit unter der Frage: Wie können wir in den verschiedenen Konflikten im Glauben bestehen? Leiten Sie dann über zur ...

Abschlussandacht

Nehmen Sie das Thema des Abends in der Andacht mit auf. Danach folgt wie immer Zeit zur Begegnung.

Sie müssen am Ende des Abends vielleicht den Teilnehmenden die Gelegenheit geben, ein persönliches Treffen mit ihnen zu vereinbaren. Auch sollten Sie an diesem oder einem der nächsten Abende erläutern, welche Möglichkeiten die Teilnehmenden haben, wenn dieser Basiskurs zu Ende ist: In welcher Weise sie z.B. in einem Gottesdienst ihren Glauben an Jesus bekennen oder erneuern können, wann und in welcher Form Taufe oder Tauferneuerung geplant sind, welche weiterführenden Kurse, Kleingruppen oder Hauskreise die Teilnehmenden besuchen können.

Übersicht und Zeitplan

Begrüßung und Gebet	10 Minuten
Leitplanken am Abgrund – Die Zehn Gebote	10
Die Anweisungen des Herstellers – Gottes Richtlinien	5
Dem Bösen widerstehen	15
Gesprächsgruppen und Fragen	10
„Ich bekenne, dass ich gesündigt habe ..."	10
Richtig oder falsch	15
Kraft für die Glaubensprüfungen im Alltag	5 – 10
Abschlussandacht	5 – 10
Zeit zur Begegnung	

12.
Gemeinsam im Einsatz

Einführung

Dieses Kapitel handelt vom Dienst der Christen im weitesten Sinne. Zwei Gruppenaufgaben stehen im Zentrum und sind Ausgangspunkt für die Gespräche. In der ersten Aufgabe geht es um Gemeindegründung („Church Planting") und Mission und in der zweiten um das Entdecken und Bestätigen von Gaben in der Gemeinschaft. Durch beide Gruppenaufgaben lernen die Teilnehmenden nicht nur wichtige Dinge, sondern die Gruppe wird auch in ihrer Gemeinschaft gestärkt.

Das Kapitel enthält keine Lehreinheit zum Amtsverständnis oder den Dienst der Ordinierten in der Gemeinde. Das Thema wird hier nicht behandelt, weil Emmaus so konzipiert ist, dass der Kurs in Gemeinden unterschiedlicher Prägung eingesetzt werden kann. Gerade dieses Thema wird jedoch in den Kirchen unterschiedlich gesehen. Sie können eine eigene Lehreinheit und zusätzliches Material einbringen. Wenn dies geschieht, sollten Sie jedoch darauf achten, dass Sie nicht vom Schwerpunkt dieser Einheit abweichen: Jeder getaufte Christ ist dazu berufen, ein Leben in Dienst und Hingabe zu führen.

Begrüßung und Gebet

Halten Sie sich an den gewohnten Ablauf.

Achtung: Hier wird gebaut!

Erklären Sie kurz die Gruppenaufgabe und verlassen Sie dann mit den Mitarbeitenden den Raum. Es kann eine Versuchung sein zu bleiben. Jedoch sollte man nur dann im Raum bleiben, wenn in der Gruppe ein oder zwei sehr schwierige oder empfindliche Teilnehmende sind. Das Leben der Gruppe wird eine neue Dynamik erhalten, wenn die Teilnehmenden gemeinsam Ziele entwickeln und selbständig eine Aufgabe bewältigen, während Sie nicht anwesend sind.

Bericht von der Gruppenarbeit

Geben Sie den Teilnehmenden reichlich Zeit für die Aufgabe. Wenn nötig, können Sie die Zeit auf 20–25 Minuten verlängern. Danach können Sie wieder in den Raum gehen und die Gruppe um einen ausführlichen Bericht bitten. Manchmal ist es gut aufzuschreiben, für welche Aufgaben Teilnehmende vorgeschlagen wurden oder welche Dienste sie freiwillig übernehmen wollten.

Die gesamte Aufgabe und besonders die Berichterstattung sollte nicht zu ernst, sondern spielerisch angegangen werden. Sie können die Aufgabe mit einer Abschlussrunde beenden, in der jeder sagen kann, was er/sie gelernt hat.

Gottes Mannschaft – Keine Passagiere

Im Folgenden geht es um die Gemeinde als Dienstgemeinschaft. Dabei soll eine falsche Vorstellung, die sogar unter „Kirchendistanzierten" häufig vertreten wird, korrigiert werden. Es kann, besonders für Teilnehmende, die noch Suchende sind, von großer Bedeutung sein, eine positive Sicht von christlicher Dienstgemeinschaft zu bekommen. Möglicherweise war für sie eine Kirchen-/ Gemeindezugehörigkeit bisher gleichbedeutend mit der Vorstellung, lediglich „Passagiere im Kirchenschiff" zu sein.

Gaben entdecken

Kapitel 12 des Römerbriefes eignet sich besonders für eine Bibelarbeit zum Thema Gaben und Dienste in der Gemeinde. Sie können die Gruppe den Text bearbeiten lassen oder eine Einführung in den Text geben (oder beides).

Wenn die Liste der Gaben erarbeitet wurde, sollte die Gruppe in kleine Gruppen aufgeteilt werden (falls dies nicht schon geschehen ist). Versuchen Sie dann die Gaben der Teilnehmenden herauszufinden und so deutlich wie möglich zu bestätigen.

Am Ende dieses Abschnitts wäre es möglich, über die Bedeutung zu sprechen, die dem Dienst der Ordinierten in der eigenen Denomination zukommt.

Austauschrunde

Hier soll den Teilnehmenden die Möglichkeit gegeben werden, sich darüber auszutauschen, inwiefern sie selbst die Gemeinde als Dienstgemeinschaft erfahren haben. Zugleich können die Teilnehmenden dabei einen weiteren Aspekt ihrer Lebensgeschichte austauschen.

Jetzt in Gottes Mannschaft mitspielen

Nun geht es darum, die verschiedenen Möglichkeiten der Mitarbeit in der eigenen Gemeinde zu besprechen. Dabei ist wichtig, dass die Dienste Fürbitte, Geben und Zeugnisgeben von allen Christen getan werden sollen. Darüber hinaus kann die Liste der Aufgaben, zu denen manche aus der Gemeinde beauftragt sind, sehr lang sein.

Die letzte Frage in den Teilnehmer-Unterlagen hierzu ist sehr wichtig, denn viel zu oft übernehmen neu zum Glauben gekommene Christen zu viele Aufgaben in der Gemeinde: Die Gemeinde und Aufgaben in der Gemeinde werden plötzlich wichtiger als Gott selbst oder die eigene Familie. Daraus folgen dann viele Probleme und Überlastung der neuen Mitarbeitenden.

Beenden Sie diese Einheit mit einer Gesprächsrunde und Zeit für Fragen.

Grundregeln für den Einsatz

Zum Abschluss besprechen Sie die Punkte in den Unterlagen der Teilnehmenden. Falls nötig, können Sie die Punkte erweitern.

Abschlussandacht

Wenn Sie hier die Fußwaschung (Johannes 13) praktizieren, kann dies eine eindrucksvolle Veranschaulichung dessen sein, was an dem Abend besprochen wurde. Dies könnte so umgesetzt werden: Die Teilnehmenden, die möchten, ziehen ihre Schuhe und Strümpfe aus. Die Leiter (und Mitarbeitende) nehmen dann ein Handtuch und eine Schüssel Wasser und waschen den Teilnehmenden der Reihe nach die Füße.

Übersicht und Zeitplan

Begrüßung und Gebet	5 Minuten
Achtung: Hier wird gebaut!	20 – 25
Bericht von der Gruppenarbeit	10
Gottes Mannschaft – Keine Passagiere	5
Entdecke deine Gaben	10
Austauschrunde	10
Jetzt in Gottes Mannschaft mitspielen – Konkreter Dienst	10
Grundregeln für den Einsatz	10
Abschlussandacht	5 – 10
Zeit zur Begegnung	

13.
Gottes Geld in unseren Händen

Einführung

Vielleicht fragen Sie sich: Was hat ein Kapitel, in dem es hauptsächlich um Geld und Spenden geht, in einem missionarischen Grundkurs des Glaubens zu suchen? Wir müssen bedenken, wie viel Jesus selbst über dieses Thema gesprochen hat und wie häufig in den Evangelien Geld und Besitz als Hindernis für die rechte Nachfolge gesehen werden. Diese Einheit ist auch deshalb wichtig, weil Menschen, die neu zum Glauben gekommen sind, möglichst bald etwas über ihre Verantwortung im Geben erfahren sollten. Dies ist wichtig für ihr persönliches Glaubensleben, aber auch für die Kirche/Gemeinde, zu der sie gehören.

Bei diesem Treffen ist es vielleicht hilfreich, wenn der Kirchmeister (Finanzverwalter) der Gemeinde dabei sein kann. Ansonsten müssten Sie sich vorher über die finanzielle Situation der Gemeinde/Kirche genauer informieren.

Begrüßung

Wie gewohnt.

Persönlicher Austausch

Für diese Austauschrunde müssen Sie den Teilnehmenden möglicherweise viel Zeit geben. Es ist vielleicht das erste Mal, dass in der Gruppe über das Arbeitsleben gesprochen wird und Arbeit und Glaube in Zusammenhang gebracht werden. Achten Sie besonders auf die Teilnehmenden, die im Blick auf ihre Arbeit oder Arbeitslosigkeit Probleme haben.

Schließen Sie das Gruppengespräch ab, indem Sie die Teilnehmenden bitten, eine Sache aus dem Gespräch zu nennen, die sie gelernt haben oder die sie verwundert hat.

Das Wichtigste zum Thema Geld

Anhand der drei Überschriften aus den Unterlagen für die Teilnehmenden folgt nun eine Lehreinheit. Sie können diese Punkte durch Beispielgeschichten und Bibeltexte verdeutlichen.

Bibelarbeit

Hier bietet sich eine Gelegenheit für die Gruppe, die nächste Predigt zum Thema „Geben“ vorzubereiten. In den Kleingruppen sollten die Teilnehmenden ungefähr zehn Minuten Zeit haben, um die verschiedenen Texte zu bearbeiten. Danach müssten je drei Minuten reichen, um die Ergebnisse der Gruppenarbeit im Plenum mitzuteilen.

Im Geben liegt Segen

Dies ist die zweite Lehrphase auf der Grundlage der Teilnehmer-Unterlagen. Wenn es in Ihrer Gemeinde schriftliches Material über die Möglichkeiten zum Spenden (bzw. zur finanziellen Unterstützung der Gemeindearbeit) gibt, können Sie dieses verteilen und gemeinsam besprechen.

Der Finanzhaushalt der Gemeinde

In der Gruppenaufgabe wird der Finanzhaushalt der Gemeinde sehr direkt und offen bearbeitet. Es lohnt sich, die Aufgabe in der Gruppe durchzuführen. Voraussetzung ist jedoch, dass Sie die notwendigen Informationen zur Hand haben. Versuchen Sie, das Gesamtbild im Auge zu behalten, damit Sie die Teilnehmenden nicht durch einen Zahlendschungel verwirren. Das Entscheidende ist auch hier der Glaube: Gott sorgt für seine Kirche und die Menschen werden zum Geben bereit - zu dem Zeitpunkt und in dem Maß, wie es für sie richtig ist.

Geben will gelernt sein

Seien Sie auch in diesem Punkt ehrlich! Dabei ist es jedoch wichtig, dass die Teilnehmenden sich nicht unter Druck gesetzt fühlen. In der Gruppe werden sicher noch relativ kirchendistanzierte und suchende Teilnehmende sein, die vielleicht schon schlechte Erfahrungen mit der Kirche gemacht haben. Es kann leicht der Eindruck entstehen, dass die Kirche nur hinter ihrem Geld her ist. Wenn Sie die einzelnen Schritte sachlich schildern, die in den Unterlagen für die Teilnehmenden aufgeführt sind, wird es von den Teilnehmenden in der Regel positiv aufgenommen.

Und so wird’s gemacht:

Geben Sie die wesentlichen Informationen so gut wie möglich.

Gesprächsgruppen und Fragen

Halten Sie sich an den gewohnten Ablauf und beenden Sie den Abend wie immer, indem Sie Getränke bereitstellen und zum lockeren Gespräch einladen.

Übersicht und Zeitplan

Einführung und Begrüßung	5 Minuten
Persönlicher Austausch	20
Das wichtigste zum Thema Geld	10
Bibelarbeit	20 – 25
Im Geben liegt Segen	5
Der Finanzhaushalt der Gemeinde	10
Geben will gelernt sein	5
Und so wird's gemacht	5
Gesprächsgruppen und Fragen	5
Abschlussandacht	5 – 10
Zeit zur Begegnung	

14.
Gottes Liebe verändert unsere Beziehungen

Einführung

Sie haben es beinahe geschafft! Nun sind es nur noch zwei Einheiten bis zum Ende des Kurses. Für die Leitung dieser 14. Einheit brauchen Sie viel Einfühlungsvermögen den Teilnehmenden gegenüber und eine große Offenheit für Gottes Leitung durch den Heiligen Geist. Am Ende des Kurses kann Folgendes der Fall sein: Die Teilnehmenden sind nun offener füreinander als sie es je vorher waren, und darum fähig, über tiefer gehende Bereiche in ihrem Leben zu sprechen – d.h. auch über ihre Beziehungen zu anderen Menschen.

Begrüßung und Gebet

Wie gewohnt.

Du und die Deinen

Dies ist für die Teilnehmenden erneut eine Möglichkeit, sich über einen weiteren Bereich ihres Lebens auszutauschen: die Beziehungen innerhalb der Familie und zu engen Freunden.

Beenden Sie die Austauschphase, indem Sie die Antworten aus den verschiedenen Gruppen zu den Fragen in den Teilnehmer-Unterlagen sammeln.

Beziehungen: Liebe geben und Liebe annehmen

In diesem Abschnitt geht es um unsere Beziehung zu anderen Menschen: Welche Bedeutung haben diese Beziehungen für unser Leben? Das Material, das den Teilnehmenden zur Verfügung steht, sollte hier durch eigene Ergänzungen erweitert werden.

Sprechen Sie über die zentrale Bedeutung der Liebe für jede zwischenmenschliche Beziehung und leiten Sie dann über zu 1. Korinther 13.

Bibelarbeit

Gehen Sie nach den Teilnehmer-Unterlagen vor. Sie müssen damit rechnen, dass einige Teilnehmende unangenehme Wahrheiten über sich selbst entdecken, während sie den Text ein drittes Mal lesen.

Bevor Sie die drei letzten Fragen besprechen, können Sie die kleine Gruppendiskussion zusammenfassen.

Gute Beziehungen aufbauen / Störfaktoren in Beziehungen

Benutzen Sie wiederum die Anregungen aus den Teilnehmer-Unterlagen und ergänzen Sie das Material durch eigene Beiträge oder durch gemeinsam mit der Gruppe erarbeitete Gedanken und Leitsätze.

Wenn Beziehungen scheitern

Viele der Teilnehmenden haben wahrscheinlich Verletzungen durch gescheiterte Beziehungen erlitten. Manche dieser Verletzungen kommen nun an die Oberfläche. Andere werden jedoch in den ersten sechs oder neun Monaten, die jemand mit Christus lebt, unter der Oberfläche verborgen bleiben. Wenn die Beziehung zu Gott neu geworden ist, gibt es so viel Schönes zu erleben, auch in der Beziehung zu anderen Christen, dass Wunden und Probleme zunächst in den Hintergrund treten. Nach dieser ersten Zeit kommen die Verletzungen jedoch normalerweise an die Oberfläche, und Gott nimmt sich dieser tieferen Bereiche eines Menschen an.

Aus diesen Gründen kann es sein, dass das, was Sie in diesem Abschnitt sagen, nicht sofort auf alle Teilnehmenden zutrifft. Dennoch ist es wichtig für sie im Blick auf die nächsten Jahre (und in vieler Hinsicht für den Rest ihres Lebens), wenn sie zu Gott aufschauen, der zurechtbringt und heilt, was verletzt ist.

Was Sie in diesem Kapitel mitteilen können, wird zum Teil davon abhängen, welche Erfahrungen Sie selbst in Ihrem eigenen Leben oder in der Seelsorge gemacht haben. Ein offenes und ehrliches Zeugnis, in dem Sie auch Ihre Verwundbarkeit eingestehen, wird die Teilnehmenden ermutigen, im Gespräch offener zu werden und eigene Verletzungen und Wunden in verschiedenen Bereichen ihres Lebens zuzugeben (auch wenn dies vielleicht erst zu einem späteren Zeitpunkt sein wird).

Gott näher kommen

Für die meisten Teilnehmenden ist es vielleicht kein Problem, die Liebe Gottes zu erfahren und anzunehmen; für einige kann dies jedoch sehr schwierig sein. An dieser Stelle des Kurses bietet sich die Möglichkeit, über den rechten Platz für Gefühle in unserem Glauben zu sprechen. Sie können darüber sprechen, dass man Gottes Gegenwart im Gebet und im Gottesdienst und darüber hinaus in seinem alltäglichen Leben erfahren kann.

Gesprächsgruppen und Diskussion

Geben Sie nach dieser langen Lehrphase den Teilnehmenden die Möglichkeit, sich in Gruppen auszutauschen. Fassen Sie dann die Gruppen zusammen zu einer Diskussion im Plenum und geben Sie Zeit für Fragen. Bevor Sie den Abend abschließen, sollten Sie den Teilnehmenden, die es wünschen, eine Fortsetzung des Gespräches auf persönlicher Basis anbieten.

Abschlussandacht

Möglicherweise brauchen Sie an diesem Abend etwas mehr Zeit als gewöhnlich. Eine Zeit zur stillen Besinnung kann hilfreich sein. Es kann richtig sein, für einzelne Teilnehmende (unter Handauflegung) zu beten, ihnen Vergebung zuzusprechen und sie zu segnen.

Übersicht und Zeitplan

Begrüßung, Einführung und Gebet	5 Minuten
Du und die Deinen	10
Beziehungen: Liebe geben und Liebe annehmen	10
Bibelarbeit	15
Gute Beziehungen aufbauen / Störfaktoren in Beziehungen	10
Wenn Beziehungen scheitern	15
Gott näher kommen	5
Gesprächsgruppen und Diskussion	10
Abschlussandacht	10
Zeit zur Begegnung	

15.
Komm, geh mit mir in das Land!

Einführung

Diese Einheit ist sowohl eine abschließende Zusammenfassung als auch eine Wiederholung wichtiger Kursinhalte und dient der „Ausrüstung“ der Teilnehmenden. Sie müssen etwas Zeit einplanen, um zu besprechen, was nach Abschluss des Basiskurses für die einzelnen Teilnehmenden dran ist. Dies wird auf der Grundlage dessen geschehen, was Sie mit den Teilnehmenden innerhalb der letzen Wochen in Einzelgesprächen beschlossen haben. Vielleicht müssen Sie auch mit der Gruppe den Schnupperabend für den nächsten Basiskurs planen. Außerdem möchten Sie den Abschluss des Kurses möglicherweise mit einer kleinen Party oder einem gemeinsamen Essen feiern.

Begrüßung und Gebet

In der gewohnten Weise.

Austauschrunde

Bitten Sie die Teilnehmenden, sich in kleinen Gruppen darüber auszutauschen, welche Gedanken und Impulse aus dem Emmaus-Kurs für sie persönlich am wichtigsten waren. Nach einigen Minuten in den Gruppen bitten Sie jeden Teilnehmenden, ein paar Worte in der Gesamtgruppe zu sagen. Beachten Sie bitte, dass immer noch Teilnehmende nicht im Plenum sprechen wollen und Sie ihnen die Freiheit dazu einräumen.

Warum sollen wir anderen vom Glauben erzählen?

Viele, die schon länger Christen sind, haben Hemmungen oder sogar Angst, über ihren Glauben an Jesus Christus mit anderen, die nicht an Christus glauben, zu sprechen. Für die hingegen, die neu auf dem Glaubensweg mit Jesus sind, ist es meist eine natürliche Sache. Dennoch ist es auch für Anfänger im Glauben gut, die Fragen „*Was* verkündigen wir?“ und „*Warum* sagen wir die frohe Botschaft weiter?“ schon am Anfang zu klären. Bitten Sie die Teilnehmenden, die Aufgaben in ihren Unterlagen durchzuarbeiten und sammeln Sie dann die Antworten wie vorgeschlagen.

Was wollen wir weitersagen?

Die Gruppenaufgabe ist eine gute Wiederholung und eine Möglichkeit, das Evangelium noch einmal am Ende des Kurses zusammenzufassen. Dies kann auch eine Hilfe für die Teilnehmenden sein, die noch auf der Suche sind, Wesentliches noch nicht verstanden haben und durch Einzelheiten, die in den letzten Wochen besprochen wurden, verwirrt sind.

Wie können wir andere auf den Weg zum Glauben einladen?

Geben Sie hierzu eine kurze Lehreinheit auf der Grundlage der Teilnehmer-Unterlagen. Wenn möglich, veranschaulichen Sie das Material durch Beispiele aus Ihrer eigenen Erfahrung oder durch Beiträge aus der Gruppe.

Unser persönlicher Weg zum Glauben

Die Teilnehmenden lernen durch diese Aufgabe, anderen vom Glauben zu erzählen. Außerdem wird dadurch das, was die Teilnehmenden in diesem Basiskurs gelernt haben, mit dem Gedanken der Glaubensreise verknüpft.

Wem kann ich vom Glauben erzählen?

An dieser Stelle wird der Gedanke, dass jeder Mensch in einem *oikos* lebt, eingeführt. Das griechische Wort *oikos* bedeutet Hausgemeinschaft und meint ein Geflecht von Beziehungen, in das wir Menschen in unserem alltäglichen Leben eingebunden sind. Das Evangelium kann sich in diesem Beziehungssystem ausbreiten, wenn ein Mensch seinen Glauben zeugnishaft lebt. In dem Kapitel „Den Glauben leben" aus dem weiterführenden Emmaus-Kurs „Gott kennen" wird dieser Gedanke noch vertieft.

Fragen und Antworten

Die Teilnehmenden sollen nun noch einmal die Chance haben, die Fragen zu stellen, die sie auf dem Herzen haben.

Abschlussandacht

In der Abschlussandacht soll Raum sein für Lob und Dank für all das, was die Teilnehmenden im Laufe des Kurses von Gott empfangen haben. Möglich sind auch kleine Gebetsgruppen, in denen für die Familien und Freunde der Teilnehmenden gebetet wird.

Übersicht und Zeitplan

Begrüßung, Gebet und Einführung	5 Minuten
Austauschrunde	15
Warum sollen wir anderen vom Glauben erzählen?	15
Was wollen wir anderen weitersagen?	10
Wie können wir andere zum Glauben einladen?	15
Unser persönlicher Weg zum Glauben	15
Wem kann ich vom Glauben erzählen?	10
Fragen und Antworten	5
Abschlussandacht	10
Getränke	

Ein Schnupperabend für den Basiskurs

Die Planung und Durchführung sollte möglichst einfach gestaltet werden.

- Wählen Sie den Termin so, dass der Abend ein paar Wochen nach dem Basiskurs und einige Wochen vor dem nächsten Kurs stattfindet.
- Entwerfen Sie einfache Einladungszettel.
- Verteilen Sie die Einladungen durch die bestehende Emmaus-Gruppe in Gemeindegottesdiensten, an Tauffamilien, an Paare, die zu einem Eheseminar kommen, bei anderen Gemeindeveranstaltungen und durch verschiedene Gemeindeglieder. Ermutigen Sie Gemeindeglieder, mit ihren Freunden zu kommen anstatt nur ihre Freunde zu schicken.
- Die bestehende Emmaus-Gruppe sollte einen einfachen, aber guten Imbiss vorbereiten.

An dem Schnupperabend begrüßen Sie die einzelnen Gäste und bieten ihnen an, sich bei den Getränken zu bedienen. Wenn die meisten Gäste eingetroffen sind, halten Sie eine allgemeine Begrüßung und geben einen kurzen Überblick über den Ablauf des Abends. Sprechen Sie ein Tischgebet und beginnen Sie mit dem Abendessen.

Wenn die Gäste gegessen haben, sprechen Sie kurz und anschaulich über den christlichen Glauben. Wenn möglich, können einige Teilnehmende aus der bestehenden Gruppe mit einbezogen werden. Sprechen Sie kurz über den nächsten Kurs: Was geplant ist, wo er stattfindet, welche Themen besprochen werden und wann er beginnt. Halten Sie schriftliche Einladungen bereit.

Lassen Sie dann viel Zeit für informelle Gespräche und lockeres Beisammensein. Bieten Sie dabei noch mal Getränke an.

Weggefährten auf dem Weg zum Glauben

Warum braucht man Weggefährten?

Dazugehören kommt meist vor dem *Glauben.* Menschen, die sich auf den Weg des Glaubens machen, erfahren Freundschaft und Wertschätzung, wenn sie von einem Menschen im Glauben begleitet werden. Sie lernen dadurch, sich als Teil einer Glaubensgemeinschaft zu sehen. Durch den Weggefährten entstehen Beziehungen zwischen den Suchenden und einzelnen Mitgliedern der Gemeinde. Verzichtet man auf Weggefährten, bleiben der Leiter (und damit meist der Pfarrer) und die Mitarbeitenden des Kurses die einzigen Bezugspersonen für die Menschen, die sich auf den Weg mit Jesus einlassen wollen. Da jedoch eine Emmaus-Gruppe aus mehreren Suchenden und mehreren Gemeindegliedern besteht, wird der Basiskurs zu einer Art Mikrokosmos der Gemeinde: Am Glauben interessierte Menschen und überzeugte Christen entdecken und erfahren gemeinsam, was es bedeutet, mit Christus zu leben. Auf diese Weise verkörpern die Weggefährten die liebevolle Annahme und Freundschaft, welche die Gemeinde Jesu suchenden Menschen entgegenbringen soll.

Der Emmaus-Basiskurs kann auch ohne Weggefährten durchgeführt werden. Viele Bereiche des Glaubens werden jedoch erst dann richtig entfaltet, wenn eine Gemeinde die Aufgabe der Begleitung auf dem Weg zum Glauben verantwortlich lebt. D.h. mit anderen Worten: Wenn der Gedanke des Patenamtes im altkirchlichen Sinn wieder neu belebt und eingeführt wird.

Wann beginnt die Aufgabe der Weggefährten?

Der Basiskurs besteht aus drei Teilen. Der Weggefährte kann entweder gleich zu Anfang eingeführt werden oder am Ende von Themenblock 1. An dieser Stelle entscheiden sich die Suchenden, ob sie weiter am Kurs teilnehmen und möglicherweise auf eine Taufe oder Erneuerung ihres Glaubens zugehen wollen. Wenn die Weggefährten am Kurs teilnehmen, sollten wenigstens einige von Anfang an dabei sein (selbst wenn sie erst in Themenblock 2 einem suchenden Teilnehmenden zugeordnet werden), da sonst der ganze Gruppenprozess von vorne beginnen muss.

Was ist die Aufgabe der Weggefährten?

Emmaus bedeutet eine Begleitung auf dem Weg zum Glauben. Der Weggefährte soll daher ein Begleiter sein für den, der sich auf den Weg macht, etwas über den christlichen Glauben zu erfahren. In Anlehnung an die biblische Emmausgeschichte übernimmt der Weggefährte die Rolle Jesu und ist damit aufgefordert, für die suchende Person Christus zu sein. Dies ist eine große Verantwortung, aber zugleich auch ein großes Vorrecht und eine große Freude. Es wird von den Weggefährten nicht erwartet, dass sie alle Fragen beantworten können, die auftreten werden. Der Weggefährte sollte jedoch ein treues und betendes Gemeindeglied sein. Das bedeutet: Der Weggefährte verpflichtet sich, regelmäßig für die zu begleitende Person zu beten und mit ihr Erfahrungen im Glauben auszutauschen.

Die Weggefährten werden daher in der Regel eine wichtige Aufgabe im gesamten Basiskurs wahrnehmen. Wenn die Freundschaft zu der suchenden Person wächst, ist es oft möglich, dass der Weggefährte die suchende Person im Glauben ermutigen und festigen kann. Dies aber sind die Hauptaufgaben: an den Kurstreffen teilnehmen, für die Person beten und die Kontaktperson zur Gemeinde sein. Es ist natürlich wünschenswert, dass auch außerhalb der Gemeindeveranstaltungen Kontakte zwischen der begleitenden und der suchenden Person entstehen. Dies muss sich jedoch auf natürliche Weise entwickeln. Es gibt nichts Schädlicheres für diese gemeinsame Beziehung, als dass sie von der Gemeinde aufgezwungen wird. Wenn eine Freundschaft entsteht, ist es gut, wenn nicht, wird dadurch die grundsätzliche Aufgabe des Weggefährten nicht geschmälert.

Es gibt darüber hinaus für die Weggefährten auch eine Aufgabe in der Gemeindeöffentlichkeit. Der Weggefährte begleitet den Kandidaten bei den verschiedenen Gottesdiensten, die wie Wegmarken sind. In den Gottesdiensten steht die begleitende Person für die Kirche, die hier ihren Auftrag wahrnimmt, Menschen zu Jesus zu führen.

Wer kann Weggefährte sein?

Theoretisch kann jedes getaufte Mitglied der Kirche Weggefährte für einen Kursteilnehmer werden. In der Praxis ist es jedoch häufig das Beste, jemanden auszuwählen, der gut mit der zu begleitenden Person auskommt. Häufig kommen dadurch neue Teilnehmende zum Kurs, dass Mitglieder der Gemeinde einen Freund oder eine Freundin zum Kurs einladen. In solchen Fällen ist es nahe liegend, wer der Weggefährte sein kann. Manchmal gibt es keine solche Bezugsperson für einen Teilnehmenden, und manchmal kann es sein, dass gerade ein enger Freund oder eine enge Freundin als Weggefährte nicht in Frage kommt. Es spricht nichts dagegen, auch jemanden, der dem Suchenden völlig fremd ist, als Weggefährten auszuwählen. Denn es muss nicht unbedingt eine enge Freundschaft zwischen den beiden Personen entstehen, sondern der Weggefährte soll den Suchenden auf die Freundschaft, die Jesus ihm anbietet, hinweisen. Wenn der Weggefährte seine Aufgabe verstanden hat, treu für den Teilnehmenden betet, bereit ist, über den Glauben mit der Person zu reden und gewillt ist, die notwendigen Verpflichtungen einzugehen, ist dies oft der beste Weg.

Jede Gemeinde wird hier ihren eigenen Weg gehen, um diesen Dienst in der Gemeinde zu ermöglichen. Viele Gemeinden haben in einem Zeitraum von mehreren Jahren versucht, buchstäblich die gesamte Gemeinde in diesen Dienst einzubeziehen. Diese Vorgehensweise ist für die jeweilige Gemeinde sehr bereichernd. Indem die Weggefährten an einem Basiskurs teilnehmen, wird ihr Glaube gestärkt und erneuert. Fast alle Gemeindeglieder, die einmal die Aufgabe der Begleitung eines Menschen auf dem Weg zum Glauben übernommen haben, erlebten dadurch eine Bereicherung ihres eigenen Glaubens. Indem wir geben, werden wir selbst zu Empfangenden.

Wer ernennt die Weggefährten?

Normalerweise wird dies die Aufgabe des Pfarrers/der Pfarrerin und der Mitarbeitenden sein, die den Kurs leiten. Dabei sollten jedoch die Personen, die auf dem Glaubensweg begleitet werden, in die Entscheidung mit einbezogen werden. Es ist wichtig, dass die Kandidaten verstehen, warum sie einen Weggefährten haben und dass sie keine grundsätzlichen Einwände gegen diese Begleitperson haben.

Wann endet die Aufgabe der Weggefährten?

Offiziell endet die Aufgabe des Weggefährten mit der Taufe oder einer im Gottesdienst erklärten Tauferneuerung des Kandidaten. Das Emmaus-Konzept ist jedoch sehr darum bemüht, Menschen, die zum Glauben gekommen sind, auf dem Weg zu halten und ihnen zu helfen, im Glauben zu wachsen. Obwohl es keine offizielle Rolle für Weggefährten in den weiterführenden Emmaus-Kursen gibt, ist es wünschenswert, dass die freundschaftliche Beziehung und Unterstützung im Gebet, die im Basiskurs begonnen hat, sich in irgendeiner Weise fortsetzt. Dies kann auch in einer Art Zweierschaft geschehen.

Einer der häufigsten Gründe dafür, dass Menschen vom Glauben abfallen, ist nicht, dass sie den Glauben verlieren, sondern dass sie sich in der Gemeinde nicht wertgeschätzt und angenommen fühlen. Die freundschaftliche Beziehung, die zwischen dem Weggefährten und der suchenden Person entsteht, fördert die Erfahrung von Wertschätzung und Fürsorge in der Gemeinde. Wenn eine Gemeinde darüber hinaus ein Konzept entwickelt, das auch Laien für die Leitung und Seelsorge qualifiziert, können in der Gemeinde weiterführende Kurse und Gruppen stattfinden. Dies ist die beste Voraussetzung dafür, dass Menschen, die in den Basiskursen zum Glauben gekommen sind, im Glauben wachsen und selbst zu verantwortlichen Gemeindegliedern werden.

Auf der folgenden Seite finden Sie ein Informationsblatt, das Sie für mögliche Weggefährten kopieren können, und einen Entwurf für ein Vorbereitungstreffen für Weggefährten.

Möchte Gott Ihnen den Auftrag geben, Weggefährte auf dem Weg zum Glauben zu sein?

WAS IST DER WEG ZUM GLAUBEN?

Emmaus: Auf dem Weg des Glaubens will Menschen zum Glauben einladen und sie ermutigen, lebendige Glieder einer Gemeinde zu werden. Das Programm beruht auf der Erkenntnis, dass der Weg zum Glauben meist ein längerer Prozess ist. Das Emmaus-Programm bietet Gemeinden Material und Möglichkeiten, um Kontakte zu Fernstehenden aufzubauen und Suchende auf ihrem Glaubensweg zu begleiten. Am wichtigsten ist jedoch die Begleitung durch Menschen. Wenn wir Menschen, die nach der Wahrheit suchen, begleiten wollen, müssen wir ihnen dort begegnen, wo sie leben, ihre Probleme anhören und gemeinsam Erfahrungen austauschen. Normalerweise brauchen Menschen erst die Erfahrung, dass sie wertgeschätzt werden und in einer Gemeinschaft angenommen sind, bevor sie sich für den Glauben öffnen. Genau dies tat Jesus auf dem Weg nach Emmaus (Lukas 24,13-35). Er ging mit diesen zwei Jüngern, obwohl sie in der falschen Richtung unterwegs waren. Er hörte ihnen zu und sprach zu ihnen über die Wahrheit des Evangeliums.

WAS IST EIN WEGGEFÄHRTE?

Ein Weggefährte ist jemand, der von der Gemeinde eingesetzt wird, um ein Begleiter zu sein für jemanden, der nach dem Glauben fragt. Der Weggefährte verkörpert die Fürsorge der ganzen Gemeinde.

WAS MUSS EIN WEGGEFÄHRTE TUN?

Der Weggefährte sollte normalerweise eine suchende Person zu all den Treffen des Emmaus-Basiskurses begleiten, in dem es um die Grundlagen des christlichen Lebens und Glaubens geht. Der Weggefährte leitet nicht die Treffen, sondern nimmt als normales Gruppenmitglied teil. Von einem Weggefährten wird nicht erwartet, dass er auf alle Fragen eine Antwort hat. Der Weggefährte muss jedoch bereit sein, über seine Erfahrungen im Glauben zu sprechen. Dies meint schwierige Erfahrungen und Zweifel genauso wie Erfahrungen von Zuversicht und Freude. Der Weggefährte wird für den Kandidaten regelmäßig beten, ihn gelegentlich zu Hause besuchen, Ansprechpartner und Kontaktperson sein, wenn die Person zum Gemeindegottesdienst kommt, und an den Gottesdiensten teilnehmen, die an den verschiedenen Stationen auf der Reise zum Glauben und zur vollen Mitgliedschaft in der Gemeinde gefeiert werden. Weggefährte zu sein ist ein großes Vorrecht. Er repräsentiert für den Suchenden Christus. So wie Christus den Emmaus-Jüngern begegnet, so begegnet der Weggefährte einem Suchenden auf seinem Weg an einer entscheidenden Wegkreuzung. Die meisten Teilnehmenden eines Basiskurses werden noch keine gläubigen Christen sein. Sie werden vielmehr gerade dabei sein, erste Schritte hin zu Christus zu gehen. Sie werden viele Fragen haben. Der Weggefährte wird in dieser Situation versuchen, für die suchende Person ein liebevoller Wegbegleiter und ein lebendiger Wegweiser zu Christus hin zu sein.

WER KANN WEGGEFÄHRTE WERDEN?

Diese Aufgabe kann prinzipiell jedes getaufte Mitglied der Gemeinde übernehmen. Voraussetzung ist eine Offenheit für Gott, Einfühlungsvermögen gegenüber anderen Menschen und die Bereitschaft zur Fürbitte und Unterstützung des Kandidaten. Dies ist etwas, das jeder überzeugte Christ tun kann. Es kommt darauf an, ein liebevolles Herz zu haben, nicht eine redegewandte Zunge! Vielleicht denken Sie, dass Sie nicht die nötigen Gaben für diese Aufgabe haben. Bedenken Sie, dass jeder Christ etwas weitergeben und für die Glaubensreise beisteuern kann. Denn zunächst gilt: Wir sind als Christen alle selbst auf dem Weg. Wir können alle erzählen, wie wir zum Glauben gekommen sind. Wir haben alle Erfahrungen mit Gott gemacht, und wir müssen uns alle bemühen, das Leben sinnvoll zu gestalten.

Bitte überlegen Sie, ob Sie Weggefährte für jemanden auf dem Weg zum Glauben werden könnten. Und wenn Sie denken, dass dies nicht Ihre Aufgabe ist, beten Sie bitte für die Menschen, die nach dem Glauben fragen, damit wir als Gemeinde diese Menschen treu auf ihrem Weg zu Gott begleiten können.

Vorbereitungstreffen für Weggefährten

Vor dem Treffen sollten alle den Handzettel für mögliche Weggefährten gelesen haben. Das Ziel des Treffens ist:

- das Emmaus-Konzept der Begleitung von Menschen auf ihrem Weg zum Glauben zu erklären,
- die Aufgabe der Weggefährten zu erklären,
- den gemeinsamen Austausch von Glaubenserfahrungen und -erkenntnissen zu beginnen.

Bei einem Vorbereitungstreffen für Weggefährten werden Teile des Materials, das Sie auf diesen Seiten finden, hilfreich sein, vielleicht sogar das gesamte Material. Die Bibelarbeit zur Emmausgeschichte können Sie vielleicht auch bei anderen Versammlungen in der Gemeinde benutzen, wenn Sie vorschlagen, das Emmaus-Konzept in der Gemeinde einzusetzen.

Das Treffen für Weggefährten sollte von mehreren Personen geleitet werden. Dazu gehören die Pfarrerin/der Pfarrer und die Personen, die den Basiskurs leiten werden. Es kann hilfreich sein, wenn ein oder zwei Personen, die selbst in einem vorausgehenden Kurs Weggefährten waren, dabei sind. Sie können kurz über ihre eigene Erfahrung berichten und Fragen beantworten.

1) Emmaus – eine Glaubensreise: Bibelarbeit und Feedback

Lesen Sie die Geschichte von den Emmausjüngern im Lukasevangelium (Lukas 24,13-35) und besprechen Sie in Kleingruppen (ab sechs Personen sollte man teilen) die folgenden Fragen:

- Warum erkennen die beiden Jünger Jesus nicht?
- Wie verhält sich Jesus ihnen gegenüber?
- Wodurch erkennen die Jünger schließlich Jesus?
- Wie ist das Verhalten der Jünger Jesus gegenüber, nachdem sie ihn erkannt haben?
- Was lernen wir aus dieser Geschichte über Mission?

Nach ungefähr 15 Minuten sollen die Gruppenergebnisse ausgetauscht werden.

Betonen Sie die folgenden Punkte, in der Hoffnung, dass die meisten Gedanken in den Gruppen bereits erarbeitet wurden.

- Jesus verbirgt seine Identität, weil er möchte, dass die Menschen eine freie Entscheidung treffen, ihn zu kennen, ihn zu lieben und ihm zu dienen.
- Jesus hört zu, bevor er spricht. Seine ersten Worte, die er zu den Jüngern spricht, lauten: „Worüber unterhaltet ihr euch?“
- Schließlich wird Jesus von den Jüngern erkannt. Doch dies geschieht erst am Ende eines langen Weges. Auf diesem Weg haben sie ihre Erfahrungen und

Erkenntnisse ausgetauscht, und Jesus hat ihnen die Bedeutung der Schrift erklärt. Die Jünger erkennen Jesus in dem Moment, als ihre Augen geöffnet werden und sie die Dinge so sehen können, wie sie wirklich sind.

- Als die beiden Jünger Jesus erkennen, werden sie froh und laufen sofort nach Jerusalem zurück, weil sie die frohe Nachricht anderen weitersagen wollen.
- Diese Geschichte zeigt uns, dass „zum Glauben Kommen“ mit einer Reise verglichen werden kann. Diese Reise vollzieht sich in mehreren Etappen. Zu dieser Reise gehört Zuhören genauso wie Sprechen und Entdecken ebenso wie Erklären.
- Das Emmaus-Material bietet Gemeinden eine Möglichkeit, ihre Missionsaktivitäten an dem biblischen Vorbild, wie wir es in der Emmausgeschichte finden, zu orientieren. Der Emmaus-Basiskurs ist ein Grundkurs des Glaubens für Menschen, die den christlichen Glauben kennen lernen wollen. Der Kurs orientiert sich an dem biblischen Bild des gemeinsamen Wegs zum Glauben. Die Menschen, die einen solchen Kurs besuchen, werden im Kursmaterial „Suchende“ oder „am Glauben Interessierte“ genannt. Wenn sie die Entscheidung getroffen haben, in einem Gottesdienst ihren Glauben zu bekennen (Taufe, Tauf- oder Glaubenserneuerung), werden sie Kandidaten genannt.

2) Einen Menschen auf dem Weg zum Glauben begleiten

Ein Weggefährte wird von der Gemeinde eingesetzt, um jemanden, der nach dem christlichen Glauben fragt, auf seinem Weg zum Glauben zu begleiten. Der Weggefährte verkörpert die Fürsorge und Anteilnahme der ganzen Gemeinde.

Gehen Sie mit den möglichen Weggefährten den Handzettel für Weggefährten durch, erklären Sie die einzelnen Punkte und bieten Sie die Möglichkeit zum Gespräch. Wenn es eine große Gruppe ist, kann das Gespräch in den ursprünglichen Kleingruppen geführt werden. Fragen können dann in der Gesamtgruppe besprochen werden.

Die wichtigsten Punkte sind folgende:

- Jeder kann Weggefährte werden. Es werden keine besonderen Fähigkeiten vorausgesetzt.
- Von einem Weggefährten wird nicht erwartet, dass er auf alle Fragen eine Antwort weiß.
- Von einem Weggefährten wird erwartet:
  - dass er mit dem Suchenden über den Glauben redet und seinen Glauben bezeugt,
  - dass er dem Suchenden Freundschaft anbietet,
  - dass er regelmäßig für den Suchenden betet.

3) Den Glauben bezeugen

Das Emmaus-Modell basiert auf dem Gedanken einer begleiteten Reise. Es finden mehr Menschen zum Glauben und bleiben dann auch in der Gemeinde, die gute Beziehungen zu Christen aufbauen können. Es ist wichtig, dass in diesen Beziehungen der Christ von seinem Glauben redet und mit dem Suchenden Glaubenserfahrungen bespricht. Um dieses Teilen des Glaubens miteinander als Zeichen einer christlichen Freundschaft soll es nun gehen.

Wir haben alle Erfahrungen im Glauben gemacht, von denen wir anderen erzählen können.

Bitten Sie nun die Teilnehmenden, sich ihrem Nachbarn zuzuwenden und zu erzählen, wie sie Christ wurden. Geben Sie den Teilnehmenden fünf bis zehn Minuten für diese Austauschphase.

Danach kann es hilfreich sein, darauf hinzuweisen, dass die meisten sicher keine plötzlichen Bekehrungserlebnisse zu berichten haben (obwohl das bei dem einen oder andern der Fall sein mag). Die meisten werden einen Prozess beschreiben und von Menschen berichten, die sie im Glauben ermutigt und auf ihrem Weg zum Glauben begleitet haben. Sie können dies am einfachsten verdeutlichen, indem Sie die Menschen, die solch einen Glaubensweg gegangen sind, bitten, die Hand zu heben.

Bitten Sie nun die Teilnehmenden, darüber nachzudenken, was das größte Hindernis auf ihrer Glaubensreise war und was sie am meisten im Glauben ermutigt hat. Die Teilnehmenden können dies zu zweit oder in kleinen Gruppen zu dritt oder viert austauschen. Hier sollen Sie nicht versuchen, Antworten für Glaubensprobleme zu geben, sondern die Austauschrunde soll gemeinsames Unterstützen und Austauschen von Erfahrungen fördern. Gerade dies ist nämlich der größte Beitrag, den Weggefährten für den Basiskurs leisten können.

4) Gebet

Bitten Sie die Teilnehmenden, auf einen Zettel ein einziges Wort zu schreiben, das ihr größtes Gebetshindernis ausdrückt, und auf einen anderen Zettel ein Wort für ihre größte Gebetsermutigung.

Legen Sie dann die Zettel mit den Gebetshindernissen um eine brennende Kerze. Dies kann schweigend geschehen, oder mit einer kurzen Bitte von jeder Person. Legen Sie dann die Zettel mit den Gebetsermutigungen über die Gebetshindernisse. Die Handlung soll veranschaulichen: Durch Anteilnehmen und gemeinsames Unterstützen überwinden wir die Hindernisse auf unserem Glaubensweg und wachsen gemeinsam im Glauben.

Lesen Sie nun noch einmal die Emmausgeschichte ab Vers 28.

Wenn es angebracht erscheint, können Sie Zeit für eine Gebetsgemeinschaft einräumen.

Bitten Sie die Teilnehmenden, einander in der Fürbitte zu unterstützen in der Zeit, in der sie entscheiden, ob sie Weggefährte werden wollen.

Beenden Sie das Treffen, indem die Teilnehmenden einander den Friedensgruß zusprechen.

Übersicht und Zeitplan

Begrüßung, Gebet und Einleitung	5 Minuten
Bibelarbeit und Feedback	25
Einen Menschen auf dem Weg zum Glauben begleiten	20
Den Glauben bezeugen	20
Gebet	20

Wir feiern auf dem Weg zum Glauben

Wie bei jeder Reise gibt es auch bei der Glaubensreise verschiedene Wegstationen. Wenn ein Mensch im Glauben wächst, kann es wichtig und hilfreich sein, diese verschiedenen Wachstumsstadien zu markieren und mit der ganzen Gemeinde zu feiern. Die vier Gottesdienste, die hier vorgeschlagen werden, feiern eine wachsende Hingabe im Glauben an Jesus Christus. Im Zentrum steht dabei ein Initiationsgottesdienst: Taufe oder für getaufte und konfirmierte Kandidaten eine Erneuerung des Taufbekenntnisses.

Einige der hier vorgeschlagenen Gottesdienstabläufe sind übernommen und bearbeitet worden aus *Follow Me*, herausgegeben von Stephen Cottrell und Martin Warner (herausgegeben von der Additional Curates Society). Sie können für den Gebrauch in der Gemeinde die Gottesdienstvorlagen kopieren. Sie können die Gottesdienste aber auch der Tradition und dem Sprachgebrauch Ihrer eigenen Gemeinde anpassen.

So wie der Ablauf hier vorgeschlagen wird, ist die Feier für die Teilnehmenden in einen Abendmahlsgottesdienst eingebettet und sollte auf den Wortgottesdienst folgen. Normalerweise würden dann das Glaubensbekenntnis und der Fürbittenteil ausgelassen, so dass die Tauferneuerungsfeier direkt in den Friedensgruß übergeht. Jedoch könnte die Feier für die Kandidaten des Kurses auch in einen Gottesdienst ohne Abendmahlsfeier integriert werden.

Die vorgeschlagene Liturgie für die Feiern sollte lediglich als Gerüst gesehen werden. Die jeweilige Gemeinde muss dieses Gerüst ausbauen und die Worte lebendig werden lassen. Wo es angebracht ist, kann den Kandidaten die Möglichkeit gegeben werden, zum Gottesdienst selbst etwas beizutragen: z. B. indem sie ein Glaubenszeugnis geben (im Begrüßungsgottesdienst), indem sie denen danken, die für sie Weggefährte waren (im Rahmen des Gottesdienstes, in dem sie sich zur Nachfolge verpflichten), oder indem sie andere einladen, sich auch auf diese Reise zu begeben. Die Weggefährten und die Mitarbeitenden im Basiskurs und in den weiterführenden Kursen könnten auch in verschiedener Weise am Gottesdienst beteiligt werden. Geeignete Lieder, Gebete, Lesungen und Leitworte müssen für den verbleibenden Teil des Gottesdienstes ausgewählt werden.

Da die Gottesdienste für die Kandidaten des Kurses eine wirkliche Feier sein sollen, ist es gut, wenn sie ihre Familien und Freunde einladen können, um mit ihnen dieses Ereignis zu feiern. Außerdem könnte die Gemeinde die Kandidaten und deren Gäste sowie die Gottesdienstbesucher zu einem Stehkaffee oder einem kleinen Imbiss im Anschluss an den Gottesdienst einladen.

Der Ausdruck „Liturg/Liturgin“ in der Gottesdienstliturgie meint hier lediglich die Person, welche die Abendmahlsfeier leitet.

In der *Einführung in das Emmaus-Programm* (Handbuch: Teil A) finden Sie Vorschläge, wie man die verschiedenen Kurse und Gruppen und die besonderen Gottesdienste in den Ablauf des Kirchenjahrs integrieren kann. Eine Möglichkeit ist, den Begrüßungsgottesdienst im Advent (nach Themenblock 1 des Basiskurses) zu feiern, den Vorbereitungsgottesdienst (in dem die Kandidaten versprechen, sich auf die Taufe bzw. Glaubenserneuerung vorzubereiten) am Aschermittwoch (nach Themenblock 3 des Basiskurses), den zentralen Gottesdienst zur Taufe oder Erneuerung des Taufbekenntnisses an Ostern und den vierten Gottesdienst (in dem die Teilnehmenden sich zur Nachfolge verpflichten) in der Zeit nach Ostern oder an Pfingsten.

Hinweise zu jedem Gottesdienst werden im folgenden Text gegeben. Der volle Wortlaut für jeden Gottesdienst ist am Ende dieses Kapitels abgedruckt. Die Begriffe, die in diesem Teil des Kursbuchs verwendet werden, kommen weitgehend aus der Tradition der Anglikanischen Kirche in England. Wir hoffen jedoch, dass das Material ohne Schwierigkeiten Ihrer jeweiligen Kirche und Tradition angepasst werden kann.

1. Gottesdienst: Begrüßungsgottesdienst

Dieser Gottesdienst wird normalerweise gefeiert, wenn der Basiskurs schon eine Zeit lang läuft und einige Teilnehmende sich entschlossen haben, sich taufen zu lassen bzw. ihre Taufe zu erneuern. Der Gottesdienst kann entweder am Ende von Themenblock 1 oder Themenblock 2 des Basiskurses gefeiert werden.

In der Liturgie werden drei Personengruppen angesprochen: 1. Die Kandidaten werden gefragt, ob sie auf dem Weg zur Taufe oder Tauferneuerung fortschreiten wollen. 2. Die Weggefährten versprechen, die Kandidaten auf dem Weg zu unterstützen. 3. Die Gemeinde verpflichtet sich, die Kandidaten in die Gemeinschaft aufzunehmen und für sie zu beten.

Die Kandidaten können in dem Gottesdienst gesalbt werden, um den Beginn ihrer Vorbereitung zur Taufe bzw. Tauferneuerung zu kennzeichnen. Es ist auch möglich, den Kandidaten die Ausgabe eines Evangeliums zu überreichen.

2. Gottesdienst: Vorbereitungsgottesdienst

Dieser Gottesdienst kann gefeiert werden, wenn der größte Teil der Vorbereitungen abgeschlossen ist. Meist wird dies etwa am Ende von Themenblock 3 des Basiskurses sein. In der Vorbereitungszeit können die Kandidaten schon an einem weiterführenden Kurs teilnehmen oder eine „Auszeit“ nehmen für die persönliche Vorbereitung im Gebet. Während dieser Zeit sollten die Kandidaten durch ihre Weggefährten unterstützt werden.

Der Gottesdienstablauf kann, so wie er hier abgedruckt ist, als Teil eines Gemeindegottesdienstes verwendet werden. Die Liturgie kann aber auch für einen besonderen „Stillen Tag“ oder einen Vorbereitungsabend für die Taufe oder Tauferneuerung verwendet und (wo nötig) angepasst werden.

In dem ersten Teil wird wieder eine Frage an die Kandidaten, Weggefährten und die Gemeinde gerichtet, um jeden an seine Verantwortung in dieser letzten Vorbereitungsphase zu erinnern. Im zweiten Teil sollen die Kandidaten das Glaubensbekenntnis, das Vaterunser, Jesu Zusammenfassung des Gesetzes und die Seligpreisungen überreicht bekommen. Damit wird eine Tradition der frühen Kirche aufgegriffen, die in ihrem liturgischen Ablauf das feierliche Überreichen christlicher Bekenntnisse integriert hatte. Sie können ein einfaches Heft, in dem die Texte abgedruckt sind, überreichen oder einen Katechismus, in dem die Textstücke erklärt werden. Der dritte und letzte Teil des Gottesdienstes ist das Gemeindegebet für die Kandidaten.

3. Gottesdienst: Tauf- bzw. Tauferneuerungsgottesdienst

Der Hauptteil des Gottesdienstes wird hier ein Tauf- oder „Konfirmations“gottesdienst sein. Wir haben dafür keine Liturgie ausgearbeitet, weil jede Denomination und die verschiedenen christlichen Traditionen hier ihre eigene Liturgie und Praxis haben.

Wenn die Kandidaten eines solchen Gottesdienstes jedoch Teilnehmende eines Emmaus-Kurses waren, sollte man darauf achten, den Weggefährten (wenn möglich) und eventuell Mitarbeitenden des Kurses eine Rolle im Gottesdienst zu übertragen. Es ist außerdem wichtig, im Verlauf des Gottesdienstes zu betonen, dass die Taufe (Tauferneuerung) nicht das Ende des Weges mit Christus ist, sondern der Anfang.

Für Teilnehmende, die schon getauft und konfirmiert wurden, kann es hilfreich sein, wenn sie ihr Taufbekenntnis noch einmal bestätigen und bekräftigen können. Die verschiedenen Gemeinden werden hier unterschiedliche Lösungen suchen. Meistens wird die Tauferneuerungsfeier in den Tauf- und Konfirmationsgottesdienst integriert und die Kandidaten werden mit den Täuflingen und Konfirmanden gemeinsam gesegnet.

Manchmal kann es jedoch auch angebracht sein, die Tauferneuerungsfeier in einem regulären Sonntagsgottesdienst zu halten. Eine mögliche Liturgie dafür finden Sie auf den folgenden Seiten.

4. Gottesdienst: Die Kandidaten verpflichten sich, auf dem Weg der Nachfolge zu bleiben

Dieser Gottesdienst folgt auf den Taufgottesdienst (bzw. auf die Tauferneuerungsfeier). Die Feier soll für die Kandidaten eine Hilfe sein, den Schritt von der Einstiegsphase in die weiterführende Wachstumsphase zu vollziehen. In die Feier kann die gesamte gottesdienstliche Gemeinde einbezogen werden.

Dies bietet sich besonders an, wenn in der Gemeinde mehrere weiterführende Kurse beginnen.

1. Gottesdienst: Begrüßungsgottesdienst

Die Kandidaten werden der Gemeinde vom Pastor oder den Weggefährten vorgestellt.

Liturg/Liturgin	Diese Männer und Frauen haben die frohe Botschaft von Jesus Christus kennen gelernt. Sie haben im gemeinsamen Bibelstudium und Gebet Gemeinschaft erlebt. In diesem Gottesdienst wollen sie versprechen, sich auf den Weg mit Jesus Christus zu machen. Sie wollen diesen Weg gehen und sich dann zu gegebener Zeit taufen oder konfirmieren lassen oder ihr Taufversprechen erneuern. Wir als Gemeinde Jesu Christi freuen uns, euch/Sie auf diesem Weg unterstützen und begleiten zu können.

Fragen an die Kandidaten

	Ein Leben mit Jesus Christus liegt vor euch. Jesus ruft euch auf, einen Neuanfang zu wagen. Er möchte, dass ihr ihm vertraut und an ihn glaubt. Dies ist der Weg des Glaubens, auf dem euch Christus mit Liebe bis zum ewigen Leben führen wird. Seid ihr bereit, heute auf diesem Weg zu beginnen, so sprecht: Ja, ich bin bereit.
Kandidaten	Ja, ich bin bereit.
Liturg/Liturgin	Wollt ihr das neue Leben annehmen, das Christus euch durch die Gabe des Heiligen Geistes schenken will, so sprecht: Ja, ich will.
Kandidaten	Ja, ich will.
Liturg/Liturgin	Wollt ihr alles, was dem Evangelium widerspricht, aus eurem Leben ausräumen: Rache, Neid, Selbstsucht und alles Handeln, das nicht recht ist vor Gott, so sprecht: Ja, mit Gottes Hilfe.
Kandidaten	Ja, mit Gottes Hilfe.

Fragen an die Weggefährten

Liturg/Liturgin	Es ist die Aufgabe der Weggefährten, die Kandidaten auf dem Glaubensweg zu begleiten und durch ihre Freundschaft und Fürbitte zu stärken. Seid ihr bereit, die Kandidaten im Gebet, durch euer Beispiel und durch eure Hilfe zu unterstützen und sie zu begleiten auf dem Weg, den sie heute gewählt haben, in

ein neues Leben mit Christus, so sprecht: Ja, mit Gottes Hilfe.

Weggefährten Ja, mit Gottes Hilfe.

Fragen an die Gemeinde

Liturg/Liturgin Wollt ihr diese Kandidaten in eurer Mitte willkommen heißen und in der Fürbitte an sie denken, so sprecht: Ja, mit Gottes Hilfe.

Alle Ja, mit Gottes Hilfe.

Wenn es in der Gemeinde Brauch ist: Segnung und Salbung der Kandidaten

Die Kandidaten knien nieder. Der Liturg/die Liturgin salbt die Kandidaten zum Katechumenat, indem er/sie spricht:

N.N., ich salbe dich mit dem Zeichen der Liebe Jesu. Christus wird deine Stärke sein. Lerne ihn kennen und folge ihm auf dem Weg.

Überreichung eines Evangeliums

Jedem Kandidaten wird ein Evangelium überreicht. Die Kandidaten bleiben dabei knien.

N.N., empfange das Evangelium, die frohe Botschaft von Jesus Christus, dem Sohn Gottes.

Abschlussgebet

Liturg/Liturgin Der Herr segne euch; er schütze euch vor allem Bösen und leite euch auf dem Weg zum ewigen Leben.

Alle Amen.

2. Gottesdienst: Vorbereitungsgottesdienst

Die Kandidaten stehen vor der Gemeinde.

Liturg/Liturgin — Für unsere Geschwister beginnt heute die letzte Vorbereitungsphase vor ihrer Taufe oder ihrer Tauferneuerungsfeier.

An die Gemeinde

Versprecht ihr auch weiterhin als Gemeinde und Volk Gottes an diesem Ort, für diese Kandidaten in ihrer Vorbereitungszeit zu beten, so sprecht: Ja, mit Gottes Hilfe.

Gemeinde — Ja, mit Gottes Hilfe.

An die Weggefährten

Versprecht ihr als Weggefährten nach bestem Vermögen, die Kandidaten in ihrem Glauben zu stärken, indem ihr für sie betet, sie durch euer Beispiel ermutigt und mit ihnen Fragen des Glaubens besprecht, so sprecht: Ja, mit Gottes Hilfe.

Weggefährten — Ja, mit Gottes Hilfe.

An die Kandidaten

Versprecht ihr, die Kandidaten, euch in diesen Tagen der Vorbereitung Christus anzuvertrauen? Versprecht ihr weiter, euch vorzubereiten auf die Feier und einzutreten in das Geheimnis des gekreuzigten und auferstandenen Herrn, so sprecht: Ja, mit Gottes Hilfe.

Kandidaten — Ja, mit Gottes Hilfe.

Die Kandidaten knien.

Überreichung der Schriften

Der Pfarrer/die Pfarrerin überreicht gemeinsam mit den Weggefährten jedem Kandidaten/jeder Kandidatin ein Exemplar des Glaubensbekenntnisses, des Vaterunsers, des Liebesgebotes Jesu und der Seligpreisungen. Der Pfarrer/die Pfarrerin und die Weggefährten sprechen abwechselnd zu jedem Kandidaten/zu jeder Kandidatin:

Du bist auserwählt und berufen in die Fülle des Lebens einzutreten, das in Christus ist.

Kandidaten — Amen.

Während die Kandidaten knien, beten alle gemeinsam:

Gott, der du unser Vater bist und Schöpfer aller Menschen,
Du machst alles neu in deinem Sohn Jesus Christus.
Segne diese deine Kinder, leite und schütze sie.
Schenke ihnen die Gabe des ewigen Lebens
durch die Kraft deines Heiligen Geistes.
Dies bitten wir im Namen unseres Herrn Jesus Christus.
Amen.

3. Gottesdienst: Tauferneuerungsfeier

Die Kandidaten stehen vor der Gemeinde.

Liturg/Liturgin	Durch die Taufe sind wir mit Christus gestorben und begraben, damit wir mit ihm auferstehen zu einem neuen Leben in der Gemeinschaft von Gottes Kindern. Ihr seid heute hier, um euren Glauben an Christus festzumachen und euch von allem Bösen abzuwenden. Zum Zeugnis eures Glaubens werdet ihr nun gefragt. Ein jeder antworte für sich selbst und vor der Gemeinde. Gemeinsam sind wir als Volk Gottes auf dem Weg. Wollt ihr umkehren in die offenen Arme Jesu Christi, so sprecht: Ja, ich kehre um.
Kandidaten	Ja, ich kehre um.
Liturg/Liturgin	Bereut ihr, dass ihr gesündigt habt in Gedanken, Worten und Werken, so sprecht: Ich bereue es.
Kandidaten	Ich bereue es.
Liturg/Liturgin	Wollt ihr von nun an euch von allem Bösen fernhalten, so sprecht: Ja, ich will.
Kandidaten	Ja, ich will.
Liturg/Liturgin	Bekennt euch nun zum christlichen Glauben, auf den ihr getauft wurdet und in dem ihr lebt und wachst. Glaubt ihr an Gott den Vater, der alle Dinge geschaffen hat, und vertraut ihr ihm, so sprecht: Ja, ich glaube und vertraue ihm.
Kandidaten	Ja, ich glaube und vertraue ihm.
Liturg/Liturgin	Glaubt und vertraut ihr seinem Sohn Jesus Christus, der die Welt erlöst hat, so sprecht: Ja, ich glaube und vertraue ihm.
Kandidaten	Ja, ich glaube und vertraue ihm.
Liturg/Liturgin	Glaubt und vertraut ihr dem Heiligen Geist, der denen, die Gott gehören, Leben schenkt, so antwortet: Ja, ich glaube und vertraue ihm.
Kandidaten	Ja, ich glaube und vertraue ihm.
Liturg/Liturgin	Dies ist der Glaube der Kirche.
Alle	Dies glauben wir. Wir glauben und vertrauen dem einen Gott, Vater, Sohn und Heiliger Geist.

Liturg/Liturgin

Allmächtiger Vater unseres Herrn Jesus Christus. Durch Wasser und Heiligen Geist hast du diese Frauen und Männer von der Macht der Sünde befreit und ihnen neues Leben gegeben. Heute haben sie vor dieser Gemeinde und vor dir erneut ihren Glauben bekannt. Da sie nun zu einem neuen Leben in der Gemeinschaft mit dem Auferstandenen berufen sind, bitten wir dich: Erneuere in ihnen die Gnade der Taufe und fülle sie neu mit deiner Freude. Dies bitten wir im Namen unseres Herrn Jesus Christus. Amen.

4. Gottesdienst: Die Kandidaten verpflichten sich, auf dem Weg der Nachfolge zu bleiben

Die Neugetauften und die, die ihr Taufbekenntnis erneuert haben, stehen vor der Gemeinde.

Liturg/Liturgin	Seid ihr bereit, auf dem Weg des Glaubens weiterzugehen und als Jünger Jesu in der Liebe zu Gott und im Dienst für die Menschen zu wachsen, so sprecht: Ja, mit Gottes Hilfe.
Kandidaten	Ja, mit Gottes Hilfe.
Liturg/Liturgin	Wir sind wie Pilger unterwegs mit Gott, und unser Herz ist unruhig, bis wir die Fülle des ewigen Lebens und Frieden mit Christus in Herrlichkeit haben. Wir danken Christus, dass er diese Menschen neu auf den Weg zum Glauben geführt hat und bitten nun: Segne sie in ihrer Bereitschaft, als deine Jünger zu leben und zu reifen, und lass sie in deinem Reich ihren Platz einnehmen.
Alle	Amen. Der Herr sei unsere Hilfe und unsere Kraft.

Aus: Stephen Cottrell, Martin Warner (Hg.), *Follow Me,* **Additional Curates Society**

Die Autoren

STEPHEN COTTRELL ist Pastor an der Kathedrale in Peterborough. Er war als Missionsbeauftragter Mitglied von Springboard, einer Initiative für Evangelisation der Erzbischöfe von Canterbury und York, und Missionsbeauftragter der Diözese Wakefield. Er ist der Autor von *Catholic Evangelism*, *Praying Through Life* und hat zusammen mit Steven Croft das Handbuch zum christlichen Glauben *Travelling Well* verfasst.

STEVEN CROFT ist Rektor von Cranmer Hall in St John´s College in Durham. Er war Pfarrer in Ovenden in Halifax und Missionsberater der Diozöse Wakefield. Aus seiner Feder stammen der Titel *Ministry in Three Dimensions: Ordination and Leadership in the Local Church* sowie die beiden Handbücher *Growing New Christians* und *Making New Disciples.* Seine Arbeiten vermitteln grundlegende Einsichten in das Verhältnis zwischen Evangelisation und Unterweisung im Glauben.

JOHN FINNEY ist emeritierter Bischof von Pontefract und war Vorsitzender der Dekade der Evangelisation in der anglikanischen Kirche. Seine Studie *Finding Faith Today* war für die Kirche ein entscheidender Beitrag zu der Frage, wie Menschen heute zum Glauben kommen. Er hat außerdem mitgewirkt an einem Bericht für die Gesamtsynode mit dem Titel: *On the Way - Towards an Integrated Approach to Christian Initiation.* Darüber hinaus ist er Autor mehrerer Bücher zum Thema Evangelisation und Erneuerung.

FELICITY LAWSON war Dekanin und Director of Ordinands in der Diözese Wakefield. Zusammen mit John Finney hat sie *Saints Alive* verfasst, einen Grundkurs des Glaubens, der Christen helfen will, ein tieferes Verständnis für ein Leben aus dem Heiligen Geist zu bekommen. Sie ist Gemeindepastorin in Gildersome bei Leeds.

ROBERT WARREN war Pfarrer an einer der größten und am schnellsten wachsenden Kirchengemeinden in England, St Thomas in Crookes. 1993 wurde er Nachfolger von John Finney als Beauftragter für Evangelisation in der anglikanischen Kirche. Er ist Autor einiger Bücher, darunter *Building Missionary Congregations.* In diesem Buch wird die Aufgabe, Menschen auf dem Glaubensweg zu helfen als eine der Schlüsselaufgaben der Kirche des einundzwanzigsten Jahrhunderts herausgestellt. Robert Warren arbeitet vollzeitlich als Mitglied von Springboard Team.

Der Herausgeber der deutschen Ausgabe

MICHAEL HERBST, Dr. theol., war Vikar und Pfarrer der Ev. Matthäuskirchengemeinde in Münster/Westfalen (1984-1992) und Krankenhaus-Seelsorger am Kinderzentrum Gilead in Bethel bei Bielefeld (1992-1996). Seit 1996 lehrt er als Professor für Praktische Theologie in Greifswald.

Unterlagen für die Teilnehmenden
Kopiervorlagen

Themenblock 1:
Was Christen glauben

Symbolschlüssel

GESPRÄCHSGRUPPEN

SCHRITTE AUF DEM WEG

Anregungen zum Nachdenken und Beten für die kommende Woche

BIBELARBEIT

1.
Worauf es ankommt. Gott begegnet uns

1. Erstes Kennenlernen

Suchen Sie sich einen Gesprächspartner und versuchen Sie Folgendes zu erfragen: Wer ist die Person, wo lebt sie, was sind die Arbeits- und Familienverhältnisse? Vielleicht können Sie auch fragen, warum die Person zu diesem Kurs kommt. Stellen Sie dann wechselseitig Ihren Gesprächspartner der Gruppe vor.

Hier sind einige Anhaltspunkte:

- Name
- Wohnsituation
- Arbeitssituation
- Was war das schönste Erlebnis im vergangenen Jahr?
- Warum wollen Sie an diesem Einstiegskurs teilnehmen?

2. Gibt es Gott wirklich?

Einige Menschen sagen vielleicht:

„DAS IST DOCH VÖLLIG EGAL."

Aber dies ist die wichtigste Frage im ganzen Universum.

Die Antwort, die Sie auf diese Frage geben, wird Ihr ganzes Leben verändern.

Entweder gibt es Gott – oder nicht. Es gibt keine Antwort dazwischen.

Wenn es einen Gott gibt, dann gibt es auch einen Sinn und ein Ziel für unser Leben. Dann möchte er, dass wir nach seinem Willen leben. Dann wünscht er sich, dass wir ihn kennen lernen. Dann gibt es ein Leben, das über den Tod hinausgeht.

Wenn es keinen Gott gibt, ist der Sinn des Lebens völlig verändert. Dann müssen wir den Sinn in uns selbst suchen. Wir müssen uns mit uns selbst zufrieden geben und sind auf uns selbst gestellt. Dann gibt es keine größere Freude oder Hoffnung oder Liebe als das, was wir jetzt aus uns selbst haben. Dann ist dies alles, was das Leben zu bieten hat.

Andere sagen vielleicht:

„DAS IST DOCH REINE ANSICHTSSACHE!“

Die Menschen denken so, weil sie so denken wollen.

Das ist natürlich viel bequemer. Dann ist man aus dem Schneider.

Denn wenn wir einmal zugeben, dass es einen Gott geben könnte, dann wird das Leben zu einer neuen Herausforderung. Wir müssen der Frage nachgehen und versuchen herauszufinden: Wie ist Gott? Und was ist sein Ziel für unser Leben?

Der Glaube an den einen Gott, der Himmel und Erde geschaffen hat, ist nicht Ansichtssache, sondern „Einsichtssache“. Wenn wir tiefer „hineinschauen“ in die Dinge um uns, gibt es viele Hinweise, die uns in eine Richtung führen.

3. Gesprächsgruppen

Unterhalten Sie sich in kleinen Gruppen (zu dritt oder viert) über Ihren eigenen Glauben an Gott.

- Können Sie sich wiederfinden in den beiden oben genannten Aussagen über Gott?
- War Ihr Glaube an Gott konstant, oder hat er sich im Laufe Ihres Lebens geändert?
- Warum finden es viele Menschen schwer, an Gott zu glauben?
- Was sind nach Ihrer Meinung Hinweise auf die Existenz Gottes?

4. „Ich glaube an Gott“

Es gibt verschiedene Möglichkeiten, die Hinweise für die Existenz Gottes zusammenzufassen. Dies hier ist eine Möglichkeit:

1) GOTT BEGEGNET UNS IN SEINER SCHÖPFUNG

Tauschen Sie sich aus über die Dinge, die Sie im Universum und in der Natur am erstaunlichsten finden. Sie können Psalm 8 (siehe nächste Seite) als Anregung nehmen. Sammeln Sie Ihre Ergebnisse auf einem Flipchart, so dass es alle sehen können.

Besprechen Sie nun folgende Fragen:

– Das Universum hatte einen Anfang. Wer hat es in Gang gesetzt?

– Das Universum enthält Ordnung und Schönheit. Wer hat die Ordnung hergestellt?

– Das Universum trägt die Handschrift eines Künstlers. Wer ist der Künstler?

Vieles, was wir mit unseren Sinnen wahrnehmen können, weist uns hin auf einen Gott, der Schöpfer des Himmels und der Erde ist.

2) GOTT BEGEGNET UNS IN UNSEREM LEBEN

Sprechen Sie gemeinsam über die Dinge, die Sie wunderbar finden, im Blick auf Ihr eigenes Leben und im Blick auf die Menschen allgemein. Sammeln Sie die Gedanken auf einem Flipchart.

Sprechen Sie dann über folgende Fragen:

– Jeder Mensch hat ein Empfinden für richtig und falsch – ein Gewissen. Das ist so auf der ganzen Welt. Wer hat den Menschen ihr Gewissen gegeben?

– Alle Menschen haben ein inneres Bedürfnis, etwas oder jemanden zu verehren und anzubeten. Warum ist diese Sehnsucht nach etwas Höherem, Verehrenswertem im Menschen angelegt?

3) GOTT KENNEN LERNEN

Christen glauben, dass Gott das Universum geschaffen hat und dass der Mensch einen besonderen Platz innerhalb der Schöpfung einnimmt. Wir glauben auch, dass Gott uns durch die Bibel und in Jesus Christus zeigt, wer er ist.

Er hat uns auch die Möglichkeit gegeben, ihn durch Jesus Christus persönlich kennen zu lernen. Wenn wir Gott kennen, verändert das unser Leben.

Psalm 8

Herr, unser Herrscher, groß und herrlich ist dein Name.
Himmel und Erde sind Zeichen deiner Macht.

Aus dem Munde der Kinder erklingt dein Lob.
Es ist stärker als das Fluchen deiner Feinde.
Erlahmen muss da ihre Rachsucht, beschämt müssen sie verstummen.

Ich blicke zum Himmel und sehe, was deine Hände geschaffen haben;
den Mond und die Sterne – allen hast du ihre Bahnen vorgezeichnet.

Wie klein ist da der Mensch! Und doch beachtest du ihn!
Winzig ist er, und doch kümmerst du dich um ihn!

Du hast ihn zur Krone der Schöpfung erhoben. Und ihn mit hoher Würde bekleidet.
Nur du stehst über ihm!

Du hast ihm den Auftrag gegeben, über deine Geschöpfe zu herrschen.

Alles hast du ihm zu Füßen gelegt: die Schafe und Rinder, die Tiere des Feldes, die Vögel unter dem Himmel und die Fische im weiten Meer.

Herr, unser Herrscher! Groß und herrlich ist dein Name.
Himmel und Erde sind Zeichen deiner Macht.

Schritte auf dem Weg

Nehmen Sie sich diese Woche Zeit, Gott für die Wunder seiner Schöpfung, für das Universum und die Menschheit zu danken.

Vielleicht haben Sie Lust, in der kommenden Woche außer Psalm 8 noch einige Abschnitte in Ihrer Bibel zu lesen. Hier sind ein paar Hinweise auf Bibelstellen, die zum Thema passen:

1. Mose 1,1–2,4

Psalm 139

Psalm 104

Hiob 38-39

Apostelgeschichte 17,16-33

Römer 1,18-23

2.
Wir brauchen Gott in unserem Leben. Gute Gründe

1. Kindheitserinnerungen

Erzählen Sie sich in kleinen Gruppen von Ihren eigenen Kindheitserinnerungen und Ihrem Leben im Elternhaus.

– Was war für Sie in Ihrer Kindheit am schönsten?

– War Ihre eigene Kindheit in irgendeiner Weise außergewöhnlich?

– Wie alt waren Sie, als Sie von zu Hause auszogen? Was hatten Sie dabei für Gefühle?

2. Das Gleichnis vom verlorenen Sohn

Wenn wir uns auf den Weg zu Gott machen, ist es wichtig, dass wir erkennen, wie sehr wir ihn brauchen, und wie verloren wir ohne ihn sind.

Jesus erzählte einmal eine Geschichte von einem Mann, der zwei Söhne hatte. Diese Geschichte zeigt uns, dass wir alle in irgendeiner Weise von Gott weglaufen. Wir rebellieren gegen Gott und kehren erst dann zu ihm um, wenn wir einsehen, dass wir ihn brauchen.

Die Geschichte steht in Lukas 15,11-32. Lesen Sie die Geschichte gemeinsam und versuchen Sie kurz die Dinge, die Sie nicht verstehen, gemeinsam zu klären.

In unserem Leben sind wir unterwegs auf zwei Reisen. Die eine ist die Reise der äußeren Lebensumstände (dazu gehören die Schulausbildung, die Arbeit und wichtige Beziehungen). Die andere ist die innere Reise, die unsere Beziehung zu Gott betrifft. In der Geschichte vom verlorenen Sohn geht es um diese innere Reise.

3. Gesprächsgruppen

Wir sind unseren eigenen Lebensweg gegangen, und Gott ruft uns nach Hause. Denken Sie einen kurzen Moment nach und tauschen Sie sich dann in Gruppen aus. Wo befinden Sie sich auf Ihrer eigenen inneren Reise:

- Laufen Sie von Gott weg?
- Leben Sie weit von Gott weg und lassen es sich gut gehen?
- Erfahren Sie gerade, dass Sie Gott, Ihren Vater, brauchen?
- Kehren Sie um, weil Sie nach Hause gehen wollen?
- Sind Sie auf dem Weg nach Hause?
- Sind Sie in den Armen Ihres himmlischen Vaters?
- Geht es Ihnen wie dem älteren Bruder: Sie sind schon so lange Christ, dass Ihnen alles selbstverständlich geworden ist?
- Lernen Sie, Ihren Platz in Gottes Familie einzunehmen?

4. Warum brauchen wir Gott?

Die Sehnsucht nach Gott ist meist gut verborgen und uns nicht unbedingt bewusst. Dennoch ist jeder Mensch auf Gott angelegt und befindet sich in einer Notlage, wenn er ohne Gott lebt.

1) EIN LEERES HERZ

Wir Menschen sind geschaffen, um in Gemeinschaft mit Gott zu leben. Wenn wir diese Beziehung nicht haben, fehlt unserem Leben eine entscheidende Dimension. In unserem Leben entsteht eine innere Leere und Unruhe.

Manche Menschen versuchen ihr ganzes Leben lang, diese Leere mit allen möglichen guten – und schlechten – Dingen auszufüllen. Aber am Ende kann doch nichts diese Leere ausfüllen, als Gott allein.

> Oh Herr, zu dir hin hast du uns geschaffen,
> und unser Herz ist unruhig,
> bis es Ruhe findet in dir.
>
> Augustin

Tragen Sie die verschiedenen Möglichkeiten zusammen, wie die Menschen versuchen, ihr inneres Loch zu füllen.

Sie können diesen Raum in Ihrem eigenen Herzen wahrnehmen, wenn Sie sich folgende Fragen stellen:

- Sehen Sie in Ihrem Leben einen Sinn und ein Ziel?
- Haben Sie inneren Frieden in Ihrem Leben?
- Haben Sie eine ungestillte Sehnsucht danach, geliebt und angenommen zu sein?

Gott verspricht jedem, der zu ihm heimkehrt, sein Leben neu mit Sinn, Frieden und Liebe zu füllen.

> Jesus sagte: „Kommt alle her zu mir, die ihr euch abmüht und unter eurer Last leidet! Ich werde euch Frieden geben. Nehmt meine Herrschaft an und lebt darin! Lernt von mir! Ich komme nicht mit Gewalt und Überheblichkeit. Bei mir findet ihr, was eurem Leben Sinn und Ruhe gibt. Ich meine es gut mit euch und bürde euch keine unerträgliche Last auf."
>
> Matthäus 11,28-30

2) MAUERN, DIE WIR BAUEN

Die Bibel sagt, dass wir Sünder sind und von Natur aus nicht nach Gottes Willen leben wollen. Darum wollen wir nichts mit Gott zu tun haben, auch wenn wir wissen, dass es ihn gibt. Wir richten Mauern auf, damit Gott uns ja nicht zu nahe kommt.

Folgende „Mauern" trennen uns besonders von Gott:

Unser Stolz

Wir wollen niemand anderem den ersten Platz in unserem Leben überlassen. Etwas in unserem Inneren will nicht nachgeben. Wir wollen die Nummer 1 sein und keinem anderen die Ehre geben. Stolz ist die Wurzel aller menschlichen Sünde und der Anfang aller menschlichen Tragödie.

Unsere Schuld

Im Laufe der Jahre hat das, was wir in unserem Leben Schlechtes sagen und tun und wo wir „falsch" sind, ernsthafte Folgen für andere Menschen und für uns. Die Mauer der Schuld wird höher und wir denken schließlich: Gott kann uns nicht vergeben; es gibt keinen neuen Anfang für uns. Schuld ist eine ernste Sache. Sie bestimmt das Leben vieler Menschen.

Unsere fehlende Bereitschaft zur Veränderung

Zu Gott kommen bedeutet Veränderung – Veränderung in vielen Lebensbereichen. Wir wissen das, und meistens ist uns dieser Gedanke gar nicht lieb. Wir wollen unsere alten vertrauten Wege nicht aufgeben, und so wird die Mauer noch ein Stück höher.

3) DIE FURCHT VOR DER ZUKUNFT

Eines Tages müssen wir alle sterben. Wir denken nicht gerne darüber nach. Wir verdrängen unsere Furcht vor dem Tod. Wer möchte schon gern sterben?

Die Bibel ist sehr eindeutig. Nicht jeder bekommt das ewige Leben.

Das ewige Leben wird allen angeboten, viele jedoch schlagen das Angebot aus.

Schritte auf dem Weg

Sie können diese Woche darüber nachdenken, dass Sie selbst Gott brauchen. Denken Sie über Ihre Unruhe, Schuld und Furcht nach. Vielleicht hilft Ihnen Psalm 51 dabei. Sie können den Psalm auch als Gebet sprechen. Denken Sie jeden Tag daran, dass Gott Sie liebt und Sie nach Hause ruft.

Es ist für Sie eine Hilfe, wenn Sie nun beginnen, das Lukasevangelium zu lesen. Sie können mit kleinen Abschnitten anfangen.

3.
Jesus von Nazareth. Leben, Leiden und Sterben

1. Was wissen Sie über Jesus?

Jesus Christus ist die Mitte unseres Glaubens. Er zeigt uns, *wer* Gott ist, und er zeigt uns, *wie* Gott ist.

Er starb am Kreuz für die Schuld der Welt. Wenn jemand den christlichen Glauben kennen lernen will, muss er Jesus Christus kennen lernen.

Tauschen Sie sich in kleinen Gruppen darüber aus, was Sie bereits über Jesus wissen:

– Was finden Sie besonders an Jesus von Nazareth?
– Welche Fragen haben Sie in Bezug auf Jesus?
– Haben Sie ein Evangelium gelesen? Wenn ja, welches?
– Hat sich Ihr Bild von Jesus im Laufe Ihres Lebens geändert?

2. Wer war Jesus?

Bilden Sie kleine Gruppen. Jede Gruppe bekommt zwei oder drei Abschnitte aus dem Lukasevangelium zugeteilt. Lesen Sie den Text in der Gruppe und versuchen Sie herauszufinden, wer Jesus war und was an seiner Person bemerkenswert war.

Sammeln Sie anschließend die Gruppenergebnisse.

Lukas 1,26-37
Lukas 2,41-52
Lukas 4,1-13
Lukas 4,14-21
Lukas 4,38-44
Lukas 5,17-26
Lukas 6,46-49
Lukas 7,11-17
Lukas 8,22-25
Lukas 9,10-17

Es ist historisch erwiesen, dass Jesus Christus gelebt hat. Die Evangelien berichten uns die Geschichte seines Lebens und Lehrens. Sie wurden in den 50 Jahren nach seinem Tod geschrieben. Da die Evangelien von unterschiedlichen Verfassern stammen, hat jedes seine eigene „Handschrift". Gemeinsam sind die Evangelien ein verlässliches Zeugnis über die Person Jesu.

Nachdem die Jünger einige Zeit mit Jesus umhergezogen sind, stellt er ihnen folgende Frage:

„Für wen haltet ihr mich?" (Lukas 9, 20).

Die Jünger antworten, dass Jesus der Messias Gottes ist, der versprochene Retter.

Aber jeder, der Jesus heute nachfolgen will, muss diese Frage selbst bedenken und für sich beantworten.

> „Ich versuche zu verhindern, dass hier irgendjemand genau das völlig Dumme über ihn sagt, das die Leute normalerweise sagen: ‚Ich bin bereit Jesus als Lehrer der Moral zu akzeptieren, aber ich akzeptiere nicht seinen Anspruch Gott zu sein'. Das ist genau das, was wir nicht sagen sollten. Ein Mensch, der lediglich ein Mensch ist und solche Dinge sagt, wie Jesus es tat, wäre niemals ein großer Lehrer der Moral. Er wäre entweder ein Verrückter – auf gleicher Ebene wie der Mann, der behauptete, ein ausgeblasenes Ei zu sein – oder er wäre der Teufel persönlich. Man muss sich entscheiden. Entweder war und ist dieser Mensch der Sohn Gottes oder sonst ein Verrückter oder Schlimmeres."

C.S. Lewis, *Mere Christianity* (deutscher Titel: *Christentum schlechthin)*

3. Gesprächsgruppen

Besprechen Sie gemeinsam in Kleingruppen:

- Was ist Ihre eigene Antwort auf die Frage: „Für wen haltet ihr mich?"
- Warum musste ihrer Meinung nach Jesus sterben?

4. Was bedeutet das Kreuz im Lukas-Evangelium?

Das Kreuz wirft seine Schatten voraus über das gesamte Leben Jesu. Jesus wusste, dass er auf die Erde gekommen war, um für die Schuld der ganzen Welt zu sterben.

Durchforschen Sie wieder die Bibeltexte in den Kleingruppen. Verteilen Sie die Texte untereinander. Schreiben Sie dieses Mal alles auf, was Jesus im Blick auf sein Sterben sagte, und was Ihnen hilft, seinen Tod zu verstehen:

Lukas 9,22-27
Lukas 13,31-33
Lukas 18,31-34
Lukas 22,14-20
Lukas 22,39-46

5. Warum musste Jesus sterben?

Gott hat uns geschaffen und er liebt uns.

Er möchte, dass wir ihn erkennen und in enger Gemeinschaft mit ihm leben.

Aber wir haben uns von ihm abgewandt. Unser Herz ist unruhig, und wir sind von Gott getrennt durch die Mauern unseres Stolzes, unserer Schuld und unserer Furcht uns zu ändern. Wenn wir auf diesem Weg weitergehen, werden wir unweigerlich getrennt von Gott sterben.

Gott hat seinen Sohn Jesus in die Welt gesandt, um uns von unserer Schuld und den Folgen unserer Abkehr von Gott zu befreien (der Name Jesus bedeutet „Retter").

Er starb an unserer Stelle, so dass wir eine neue Beziehung zu Gott empfangen können.

VIER VERGLEICHE

Die Bibel spricht über die Bedeutung von Jesu Tod in vier großen Bildern.

Vor Gericht

Wir sind die Person auf der Anklagebank – schuldig und zum Tode verurteilt für unsere Schuld. Jesus tritt nun an unsere Stelle und nimmt unseren Platz ein, so dass wir frei sind.

Der Marktplatz

Durch unser eigenes Verschulden haben wir uns selbst in die Sklaverei verkauft. Jedoch liebt Gott uns und will uns wieder freikaufen. Der Preis, den er dafür zahlen muss, ist das Leben seines Sohnes Jesus.

Die Familie

Wie der verlorene Sohn haben wir uns gegen den Vater aufgelehnt und sind von zu Hause weggelaufen. Durch den Tod Jesu am Kreuz können wir wieder mit dem Vater versöhnt werden.

Das Opfer

Nach dem jüdischen Opfergedanken kann die Schuld eines Menschen stellvertretend durch den Tod eines Opfertieres gesühnt werden. In gleicher Weise starb Jesus stellvertretend für unsere Sünde. Sein Tod hat unsere Schuld weggenommen, und zwar ein für allemal.

Jedes der Evangelien endet mit der Passionsgeschichte: dem Bericht von den letzten Tagen Jesu in Jerusalem, der Einsetzung des Abendmahls, Gethsemane, der Verhaftung und dem Prozess, der Hinrichtung und der Grablegung. Lesen oder hören Sie die Passionsgeschichte gemeinsam.

Jesus selbst hat sein Leben und seinen Tod so verstanden, dass er kam, um für die Sünden der Welt zu sterben.

Können Sie dem zustimmen?

Schritte auf dem Weg

Sie können diese Woche darüber nachdenken, dass Gott seinen Sohn Jesus für uns gegeben hat. Dies ist etwas, wofür wir immer danken können.

Lesen Sie bitte weiter im Lukasevangelium. Sie können besonders noch einmal die heute besprochenen Abschnitte durchlesen.

4.
Wie der Stein ins Rollen kam. Jesus ist auferstanden!

1. Kurzer Rückblick

Besprechen Sie gemeinsam, wie es Ihnen beim letzten Treffen ergangen ist, und was Ihre Reaktionen auf das Thema waren.

– Was hat Sie besonders angesprochen?

– Welche Fragen sind in Bezug auf Jesu Leben und Tod offen geblieben?

2. Der geschichtliche Befund zur Auferstehung

Der Apostel Paulus spricht in seinen Briefen sehr eindeutig: Der christliche Glaube steht und fällt mit der Auferstehung Jesu von den Toten.

Lesen Sie gemeinsam den Bericht zur Auferstehung im Lukas-Evangelium (Lukas 24,1-12).

Wie können wir heute sicher sein, dass die Auferstehung Jesu wirklich passiert ist?

Es gibt vier Hauptargumente für die Auferstehung:

DAS LEERE GRAB

Das Grab Jesu war am Ostermorgen leer, obwohl es von Soldaten bewacht wurde.

Wenn Jesus nicht auferstanden ist, wo ist dann sein Körper hingekommen?

Falls die Römer oder Verantwortliche der Juden den Leichnam genommen hätten (dafür gab es jedoch keinen Grund), hätten sie den Leichnam vorgezeigt, als die Behauptung, Jesus sei auferstanden, in Umlauf kam. Die Jünger waren genauso überrascht wie die anderen Menschen damals, als sie das Grab leer vorfanden. Viele von ihnen haben später ihr Leben gelassen, weil sie an die Auferstehung Jesu glaubten. Es ist einfach unlogisch zu denken, dass sie den Leichnam genommen und versteckt hätten, um dann Lügen zu verbreiten.

DIE ZEUGEN

Mehr als 500 Menschen behaupteten damals, den auferstandenen Jesus lebendig gesehen zu haben. Ihre Begegnung mit dem Auferstandenen veränderte ihr Leben, und sie waren bereit, für ihren Glauben zu sterben.

Die Zeugen haben den Auferstandenen jedoch nicht nur gesehen. Sie sprachen mit ihm, gingen mit ihm, lernten von ihm, aßen mit ihm und berührten ihn.

DIE KIRCHE ENTSTAND

Als Jesus am Kreuz starb, waren die Jünger verzweifelt und entmutigt.
Sie fürchteten sich vor den Juden und leugneten, Jesus je gekannt zu haben.

Nur wenige Tage später riskierten sie ihr Leben, um den auferstandenen Messias zu verkündigen. Ihr Zeugnis hat die Welt auf den Kopf gestellt. Welches Ereignis, wenn nicht die Auferstehung, könnte die Jünger je so verwandelt haben?

DAS ZEUGNIS DER CHRISTEN

Seit fast 2000 Jahren behaupten Männer und Frauen aus allen Kulturen, dass wir auch heute noch den auferstandenen Christus in unserem Leben erfahren können.

> „Zuerst habe ich euch weitergegeben, was ich selbst empfangen habe: Christus ist für unsere Sünden gestorben. Das ist das Wichtigste, und so steht es schon in der Heiligen Schrift. Er wurde begraben und am dritten Tag vom Tod auferweckt, wie es die Propheten angekündigt hatten. Als der Auferstandene hat er sich zuerst Petrus gezeigt und später den zwölf Aposteln. Dann haben ihn mehr als fünfhundert Brüder zur gleichen Zeit gesehen, von denen die meisten noch heute leben; einige sind inzwischen gestorben. Später ist er Jakobus und schließlich allen Aposteln erschienen. Zuletzt hat er sich auch mir gezeigt, der ich es am wenigsten verdient hatte.“
>
> 1. Korinther 15,3-8

> „Wäre aber Christus nicht auferstanden, so hätte unsere ganze Predigt keinen Sinn, und euer Glaube wäre völlig wertlos. Mit Recht könnte man uns dann vorwerfen, wir seien Lügner und keine Zeugen Gottes. Denn wir behaupten doch: Gott hat Christus auf-

erweckt. Das kann ja gar nicht stimmen, wenn mit dem Tode alles aus ist! Wie schon gesagt, wenn die Toten nicht auferstehen, dann ist auch Christus nicht auferstanden. Wenn aber Christus nicht von den Toten auferweckt wurde, ist euer Glaube nichts als eine Illusion, und ihr seid auch von eurer Schuld nicht frei. Ebenso wären auch alle verloren, die im Glauben an Christus gestorben sind. Wenn der Glaube an Christus uns nur für dieses Leben Hoffnung gibt, sind wir die bedauernswertesten unter allen Menschen."

1.Korinther 15,14-19

3. Gesprächsgruppen

Besprechen Sie gemeinsam in Kleingruppen:

- Wie überzeugend finden Sie die Zeugnisse für die Auferstehung Jesu? Welche Fragen bleiben offen?
- Wie ist es zu verstehen, dass wir noch heute dem auferstandenen Jesus begegnen können?

4. Was bedeutet die Auferstehung Jesu?

Ostern ist das größte Fest im Kirchenjahr. Durch die Auferstehung können wir Jesus und unser eigenes Leben und Sterben in einem völlig neuen Licht sehen.

JESUS

- Jesus ist wirklich Gottes Sohn.
- Alles, was er über sich selbst sagt, ist wahr.
- Jesus ist für unsere Sünde gestorben und auferstanden.
- Er hat den Tod besiegt.
- Jesus lebt heute.
- Wir können ihn in unserem Leben erfahren.

TOD

- Vor dem Tod brauchen wir uns nicht mehr zu fürchten, denn der Tod ist besiegt.
- Jesus ist uns vorausgegangen, um bei Gott einen Platz für uns vorzubereiten (Johannes 14,3).
- Jesus ist als Erster von den Toten auferstanden und alle, die Christus nachfolgen, werden durch ihn zum ewigen Leben auferweckt (1. Korinther 15,20-22).
- Durch die Auferstehung Jesu können wir einiges wissen über das Leben nach dem Tod, das für uns bereitgehalten wird (1. Korinther 15,35-44).

LEBEN

Das ewige Leben beginnt nicht nach dem Tod, sondern dann, wenn wir Christus als unseren Retter annehmen. Dieses überströmende Leben fließt schon jetzt in unser alltägliches Leben hinein.

Er hat sein Leben für uns gegeben. Darum wollen wir unser Leben aus Dankbarkeit und Liebe ihm geben und ihm dienen.

So wie die Jünger sind auch wir aufgerufen, mit unserem ganzen Leben Zeugen für die Kraft der Auferstehung zu sein.

5. Gesprächsgruppen

Was ist die wichtigste Folge aus dem Glauben, dass Jesus von den Toten auferstanden ist?

Schritte auf dem Weg

In der vor uns liegenden Woche können wir Gott loben und ihm für all das danken, was er uns durch die Auferstehung seines Sohnes geschenkt hat.

Es ist gut, wenn Sie Zeit finden, im Lukasevangelium weiter zu lesen.

5.
Sie werden begeistert sein. Der Heilige Geist

1. Erfahrungen mit dem Heiligen Geist

Tauschen Sie sich gemeinsam aus zu folgenden Fragen:

– Wer ist der Heilige Geist?

– Haben Sie in Ihrem Leben Erfahrungen mit dem Wirken des Heiligen Geistes gemacht?

– Haben Sie irgendwelche Erfahrungen im Blick auf die Gaben des Geistes gemacht? Entweder in Ihrem eigenen Leben oder im Leben von Menschen, die Sie kennen?

> „In späterer Zeit will ich, der Herr, alle Menschen mit meinem Geist erfüllen. Eure Söhne und Töchter werden aus göttlicher Eingebung reden, die alten Männer werden bedeutungsvolle Träume haben und die jungen Männer Visionen; ja, sogar euren Sklaven und Sklavinnen gebe ich in jenen Tagen meinen Geist."
>
> Joel 3,1-3

2. Die Verheißung des Heiligen Geistes

Zur Zeit des Alten Testamentes war der Heilige Geist nicht jedem Gläubigen gegeben. Der Geist Gottes ruhte auf großen Anführern des Volkes (wie Mose), großen Propheten (wie Elia), großen Königen (wie David) und auf anderen ausgewählten Personen.

Wenn der Heilige Geist auf diese Menschen kam, war es ein besonderes Ereignis, das ihr weiteres Leben verändert hat.

Aber die Propheten haben eine Zeit angekündigt, in der Gott seinen Geist ausgießen wird über alle Menschen.

Jesus hat verheißen, dass seine Jünger den Heiligen Geist in dieser Weise empfangen.

Genau dies geschah an Pfingsten. Von da an war das Leben der Jünger völlig verwandelt.

Lesen Sie die Geschichte gemeinsam in Apostelgeschichte 2,1-13.

In gleicher Weise gilt die Verheißung des Geistes heute allen Christen.

Jesus sagte: „Verlasst Jerusalem nicht! Bleibt so lange hier, bis in Erfüllung gegangen ist, was euch der Vater durch mich versprochen hat. Johannes taufte mit Wasser; ihr aber werdet bald mit dem Heiligen Geist getauft werden.“

Apostelgeschichte 1,4.5

3. Wie wirkt der Heilige Geist in unserem Leben?

Es gibt drei Hauptbereiche, in denen der Geist wirkt.

ER WOHNT IN UNS.

Der Heilige Geist füllt den Raum in unserem Leben aus, den sonst nichts und niemand ausfüllen kann. Er tröstet, lehrt und leitet uns. Er ist für uns wie ein Seelsorger. Er lässt uns Jesus Christus erkennen.

Lesen Sie gemeinsam die angegebenen Abschnitte im Johannesevangelium und fassen Sie in kleinen Gruppen zusammen, was im Text über das Wirken das Heiligen Geistes gesagt wird.

Johannes 14,15-27
Johannes 16,5-16

ER MACHT UNS JESUS ÄHNLICHER.

Wenn Sie Christ werden, sind Sie damit noch nicht perfekt. In Ihren Handlungen und in Ihrem Wesen ist noch immer viel Böses und Sünde.

Der Heilige Geist wirkt in uns und verändert uns, so dass wir immer mehr die Art Jesu widerspiegeln.

Der Heilige Geist wirkt in uns, so dass in unserem Leben die Früchte des Geistes sichtbar werden.

Schlagen Sie im Galaterbrief Kapitel 5,22-23 auf und schreiben Sie die Früchte des Geistes hier auf:

ER GIBT UNS GABEN UND BEFÄHIGT UNS ZUR MITARBEIT.

Jesus hat uns geboten, das Evangelium zu verkündigen. Aber wir können das nicht aus unserer eigenen Kraft tun. Der Heilige Geist macht uns fähig, diese Aufgabe zu vollbringen. Er gibt uns Vollmacht, wenn wir die frohe Botschaft verkündigen.

Der Heilige Geist rüstet uns außerdem aus mit geistlichen Gaben. Manche dieser Gaben wirken sich so aus, dass Gott in besonderer Weise eine natürliche Begabung, die wir haben, segnet (z.B. in solchen Bereichen wie Gastfreundschaft, Lehre, Leitung und Verkündigung).

Andere Gaben sind übernatürliche Gaben wie das Zungengebet (eine besondere Sprache, die Gott für das Gebet schenkt), die Gabe der Prophetie (d.h. Gottes Wort in verschiedene Situationen hineinsprechen) oder die Gabe der Heilung.

Jeder Christ empfängt Geistesgaben, wenn er darum bittet und die Gaben in der Gemeinde und im Dienst für die Gemeinde Jesu einsetzt.

Eine Aufzählung der Geistesgaben finden wir in 1. Korinther 12,1-11 und in Römer 12,6-9. Lesen Sie die Texte in Kleingruppen und schreiben Sie die genannten Gaben hier auf. Kreuzen Sie die Gaben an, die Sie nicht verstehen.

4. Gesprächsgruppen

Denken Sie noch einmal über die Fragen nach, die wir zu Beginn des Treffens bedacht haben. Vielleicht wollen Sie die Fragen nun anders beantworten:

– Haben Sie das Wirken des Heiligen Geistes in Ihrem Leben erfahren?

– Haben Sie Erfahrungen mit irgendeiner der geistlichen Gaben gemacht?

– Welche Fragen blieben unbeantwortet?

5. Einige Fragen und Antworten

WIRKT DER HEILIGE GEIST IM LEBEN EINES JEDEN CHRISTEN?

Ja. Paulus schreibt, dass niemand sagen kann: „Jesus ist der Herr“, wenn er nicht den Heiligen Geist hat (1. Korinther 12,3). Schon bevor jemand Christ wird, wirkt Gott in verschiedener Weise in seinem Leben – und auch danach wirkt Gott beständig weiter.

GIBT ES EINE BESONDERE ERFAHRUNG DER TAUFE IM (ODER ERFÜLLUNG MIT DEM) HEILIGEN GEIST?

Ja. Die Bibel spricht von dieser Erfahrung und auch heute noch machen sie Christen in ihrem Leben. Jesus erlebte solch eine Taufe im Heiligen Geist bei seiner Taufe (Lukas 3,22), obwohl der Heilige Geist schon vorher in seinem Leben wirkte. Die Jünger erlebten das Wirken und die Kraft des Geistes schon vor Pfingsten. Dennoch mussten sie erst vom Heiligen Geist erfüllt werden, bevor sie ihre neue Aufgabe beginnen konnten.

WANN GESCHIEHT DIE ERFÜLLUNG MIT DEM HEILIGEN GEIST?

Jeder Christ erfährt die Erfüllung mit dem Heiligen Geist zur rechten Zeit. Wir können den Heiligen Geist nicht „in eine Kiste packen". Er ist souverän. Manche Christen erleben bei ihrer Bekehrung oder um diese Zeit herum eine besondere Erfüllung (oder Taufe) durch den Heiligen Geist. Andere machen eine solche Erfahrung Monate oder Jahre später. Wieder andere erleben ihre Bekehrung und das Erfülltwerden mit dem Geist als kontinuierlichen Prozess, der sich über Jahre erstreckt.

Entscheidend ist, dass wir heute Gottes Kraft in unserem Leben erfahren. Es ist nebensächlich, auf welche Art und Weise wir die Kraft des Heiligen Geistes zuerst empfangen haben.

IST DIES EIN EINMALIGES ERLEBNIS?

Nein. Vieles liegt immer noch vor uns. Paulus sagt den Christen in Ephesus, dass sie sich weiter vom Heiligen Geist erfüllen lassen sollen (Epheser 5,18). Die Jünger werden in der Apostelgeschichte immer wieder vom Heiligen Geist erfüllt. Solange wir noch nicht bei Gott in der Ewigkeit sind, werden wir immer wieder vom Geist erneuert.

KÖNNEN WIR GOTTES SEGEN FÜR UNS ABWEISEN?

Das ist uns freigestellt – und viele tun es!

WIE EMPFANGEN WIR DIE GABE DES HEILIGEN GEISTES?

Einfach, indem wir darum bitten (Lukas 11,9-13).

WIE WEISS ICH, DASS ICH DEN HEILIGEN GEIST EMPFANGEN HABE?

Menschen, in deren Leben der Heilige Geist allmählich und im Laufe der Jahre wirkt, sind oft nicht sicher, ob sie den Heiligen Geist empfangen haben oder nicht. Sie fühlen sich nicht anders als früher. Paulus schreibt, dass man das Wirken des Heiligen Geistes an den Früchten erkennen kann, die in einem Christenleben wachsen. Das ist der beste Nachweis. Wenn unser Leben mit Christus Früchte trägt, dann haben wir den Heiligen Geist empfangen.

Schritte auf dem Weg

Das Lied, das zum Abschluss des Abends gesungen wurde („Herr, füll uns neu, füll uns neu mit deinem Geiste"), kann uns die Woche über begleiten.

Es lohnt sich gewiss, zu Hause noch einmal die Bibeltexte nachzulesen, die an diesem Abend vorkamen. Schreiben Sie sich die Fragen auf, die für Sie in Bezug auf den christlichen Glauben noch unbeantwortet sind.

6.
Wie man den ersten Schritt tut. Vom Christ-Werden

1. Meine Glaubensreise

Tauschen Sie sich in kleinen Gruppen darüber aus, wie Ihre bisherige Reise zum Glauben verlaufen ist. Sind Sie Christ? Wenn ja: Wie sind Sie zum Glauben gekommen?

Versuchen Sie in den Gruppen herauszufinden, was an den folgenden Definitionen für einen Christen nicht stimmt:

- Ich bin immer zum Kindergottesdienst gegangen.
- Ich bin genau so gut wie er.
- Ich glaube an Gott.
- Wir sind kirchlich getraut.
- Ich singe gerne Lieder aus dem Gesangbuch.
- Ich wurde als Kind getauft.
- Ich bin von keiner anderen Sache überzeugt.
- Meine Frau geht zur Kirche.

Wie würden Sie beschreiben, was ein Christ ist?

> Darauf erwiderte Jesus: „Ich sage dir eins: Wer nicht neu geboren wird, kann nicht in Gottes Reich kommen."
>
> Johannes 3, 3

2. Was ist ein Christ?

- Viele Menschen in unserer Gesellschaft halten sich für Christen, obwohl sie fast noch nichts vom christlichen Glauben verstanden haben.
- Christsein ist nicht etwas Ungenaues und Privates, sondern etwas Klares und Öffentliches. Jesus ist hierin eindeutig. Er erwartet von uns, dass wir uns öffentlich zum Glauben bekennen.
- Niemand wird als Christ geboren (auch dann nicht, wenn man in einer christlichen Familie geboren wird).

– Auch wird niemand durch Zufall Christ.

– Man wird Christ, indem man bewusst entscheidet, Jesus Christus nachzufolgen. Jesus fordert uns auf, mit ganzem Herzen an ihn zu glauben.

– Jesus nennt dies: wiedergeboren werden.

3. Die frohe Botschaft der Christen

GOTT – SEINE LIEBE

– Gott hat uns geschaffen.

– Er liebt uns.

– Er will das Beste für uns.

UNSERE NOT

– Wir sind für ein Leben in Gemeinschaft mit Gott geschaffen.

– Aber wir haben uns von Gott abgewandt.

– Wir haben seine Liebe abgewiesen.

– Wir sind Sünder.

JESUS – GOTTES ANGEBOT ZUR RETTUNG

– Gott sandte seinen Sohn, Jesus, um uns zu sich zurückzuholen.

– Jesus führte ein Leben ohne Sünde.

– Er starb am Kreuz. Gott hat ihn von den Toten auferweckt.

– Durch Jesus bietet Gott jedem an:

– Vergebung der Sünden.

– Eine neue Beziehung zu Gott.

– Die Gabe des ewigen Lebens.

UNSERE ANTWORT

– Wir müssen auf Gottes Angebot der Gnade antworten.

– Unsere Antwort hat vier Aspekte:

– Bekenntnis der Schuld und Umkehr.

– Glaube.

– Eingliederung in die Gemeinde Jesu Christi.

– Empfangen der verheißenen Gabe des Heiligen Geistes.

4. Wie werde ich Christ?

Für die meisten Menschen ist das Christ-Werden ein Prozess, der sich über einige Monate oder manchmal auch Jahre erstreckt. Im gewissen Sinne ist es wie eine Reise zurück zu Gott, die mit unserer Geburt beginnt.

Dies sind wichtige Stationen auf der Reise:

– Mehr erfahren wollen.

– Den christlichen Glauben genauer kennen lernen.

– Erkennen, dass man Gott braucht.

– Sein Leben Jesus Christus anvertrauen und sich entschließen, ihm nachzufolgen.

– Taufe.

– Mitgliedschaft in einer christlichen Kirche.

Wir können im Gebet Jesus Christus unser Leben anvertrauen, entweder indem wir alleine beten oder mit einer anderen Person zusammen.

Vielleicht haben Sie Jesus Ihr Leben schon auf diese Weise anvertraut. Vielleicht möchten Sie sich taufen oder konfirmieren lassen zu dem Zeitpunkt, an dem Sie öffentlich Ihr Leben Christus übergeben. Dennoch möchten Sie möglicherweise jetzt ihren weiteren Lebensweg Jesus bewusst in die Hände legen, indem Sie das unten abgedruckte Gebet sprechen. Dies könnte aus folgenden Gründen der Fall sein:

– Sie sind schon seit einiger Zeit Christ, aber Ihr Verständnis für den Glauben und Ihr Wunsch zur Nachfolge haben sich vertieft.

– Sie sind noch nicht Christ, und dies ist der richtige Zeitpunkt für Sie, Christ zu werden.

– Sie wünschen sich, neu vom Heiligen Geist erfüllt zu werden.

Sie können das Gebet und Versprechen zur Nachfolge für sich alleine beten und dabei nach jedem Abschnitt eine Pause zum Nachdenken einlegen.

Es ist jedoch besser, wenn Sie sich mit ein oder zwei anderen Christen treffen (vielleicht mit Ihrem Gruppenleiter, Ihrem Weggefährten oder Ihrem Pastor) und mit diesen Personen gemeinsam ihr Leben der Herrschaft Jesu Christi anvertrauen.

Für die, die noch nicht getauft oder konfirmiert sind, wird später noch die Möglichkeit bestehen, sich in einem Gottesdienst taufen zu lassen oder Ihr Taufversprechen zu erneuern. Sie werden dann öffentlich Ihren Glauben bekennen und dabei z.T. dieselben Worte verwenden, die hier in dem Gebet vorkommen.

5. Wegzehrung

Was ist für einen Menschen, der sich neu auf den Weg mit Jesus macht, Ihrer Meinung nach am wichtigsten? Woran sollte er unbedingt denken?

Schritte auf dem Weg

Gott hat uns in Jesus Christus alles geschenkt. Wir können ihm dafür danken.

Gott ist bei uns jeden Tag. Das kann uns ermutigen.

Möglicherweise können Sie in dieser Woche das Lukasevangelium zu Ende lesen.

Ein Gebet, in dem wir Christus unser Leben anvertrauen

Wir bitten um Vergebung unserer Schuld.

Bevor Sie mit dem Gebet beginnen, denken Sie darüber nach, wofür Sie um Vergebung bitten wollen und von welchem Verhalten Sie sich abwenden wollen.

> Gott, mein Vater,
> ich danke dir, dass du mich lieb hast.
> Ich habe gegen dich und meine Mitmenschen gesündigt,
> in Gedanken, Worten und Werken.
> Ich habe mich von dir abgewendet
> und bin meinen eigenen Weg gegangen.
> Es tut mir leid und ich bereue dies sehr,
> und ich bitte dich nun um Vergebung.
> Ich wende mich an Jesus Christus.
> Ich bereue meine Sünden.
> Ich wende mich ab von allem Bösen.

Sie dürfen sicher sein, dass Ihre Sünden nun durch Christus vergeben sind (1. Johannes 1,8-9). Hier können nun Worte aus der Bibel vorgelesen werden, in denen Vergebung der Sünden denen zugesprochen wird, die darum bitten (z.B. Jakobus 5,16).

Wir bekennen uns zum Glauben an Jesus Christus.

Ich glaube und vertraue Gott dem Vater, der die Welt geschaffen hat.
Ich glaube und vertraue seinem Sohn, Jesus Christus,
der die Menschen von ihrer Schuld erlöst hat.
Ich glaube und vertraue dem Heiligen Geist,
der das Leben gibt allen, die zu Gott gehören.

(Worte aus einem Taufgottesdienst)

Wir versprechen in der Gemeinschaft der Christen für Gott zu leben.

Ich gebe dir, Jesus Christus, mein Leben.
Ich will dir von ganzem Herzen folgen.
Ich will dir treu dienen und in der Gemeinschaft der Christen leben.

Wir bitten Christus, in unser Leben zu kommen und uns mit dem Heiligen Geist zu erfüllen (Offenbarung 3,20).

Jesus Christus, komm nun und lebe in mir.
Fülle mich mit deinem Heiligen Geist!
Stärke mich, dass ich dir dienen kann!
Und erfülle mich mit deiner Liebe.
Amen.

Die mit Ihnen beten, sollten Ihnen nun die Hände auflegen mit der Bitte um Erfüllung im Heiligen Geist.

Themenblock 2:
Wie Christen im Glauben wachsen

7.
Mit Gott im Gespräch bleiben.
Beten lernen

1. Das Gleichnis vom Sämann

Lesen Sie gemeinsam das Gleichnis vom Sämann in Lukas 8,1-15.

Menschen mit einem Herzen wie ein Feldweg

Menschen mit einem Herzen wie ein felsiger Boden

Menschen mit einem Herzen wie ein Feld voller Disteln

Menschen mit einem Herzen wie ein gutes Ackerland

Denken Sie sich in kleinen Gruppen für jeden der vier verschiedenen Böden eine kurze Geschichte aus. Versuchen Sie, in den Geschichten Menschen zu beschreiben, deren Herz (und Denken und Handeln) einem der Böden entspricht. Die Geschichten sollten möglichst realistisch sein, so wie Sie es vielleicht schon bei Menschen erlebt haben. Lesen Sie die besten Geschichten in der Gesamtgruppe vor.

Versuchen Sie, in einem Satz zu formulieren, was das Gleichnis Menschen, die neu auf dem Weg des Glaubens sind, sagen will.

2. Einführung zu Themenblock 2

Im Themenblock 1 des Kurses geht es darum, was Christen glauben und wie man Christ wird.

In diesem Themenblock 2 werden wir gemeinsam darüber nachdenken, wie man als Christ im Glauben wächst: durch Gebet, Bibellesen, Gemeinschaft mit anderen Christen und gemeinsames Singen, Beten und Loben Gottes. In einem Kapitel wird es besonders um das Abendmahl gehen.

> „Diese ersten Christen ließen sich regelmäßig von den Aposteln unterrichten und lebten in brüderlicher Gemeinschaft, feierten das Abendmahl und beteten miteinander."
>
> Apostelgeschichte 2,42

3. Herr, lehre uns beten

– Durch das Gebet wächst unsere Beziehung zu Gott. Wie in jeder Freundschaft wird unsere Beziehung zu Gott sich entwickeln und vertiefen, wenn wir für den Aufbau der Freundschaft wertvolle Zeit einsetzen.

– Das Gebet war für Jesus ein entscheidender Bestandteil seines Lebens (Markus 1,35). Wie können wir es dann vernachlässigen?

– Je mehr Zeit wir mit Gott verbringen, desto ähnlicher werden wir ihm.

– Das Gebet hilft uns, Schwierigkeiten im Glauben zu bewältigen. Es stärkt uns für den geistlichen Kampf.

– Durch das Gebet breitet sich Gottes Macht und Kraft in der Welt, in der Kirche und in unserem eigenen Leben aus.

Das Gebet ist jedoch keine natürliche Fähigkeit des Menschen. Wenn wir geboren werden (oder wiedergeboren), wissen wir nicht automatisch, wie man betet. Beten muss man lernen.

4. Erste Schritte

Es ist gut, mit Gott den ganzen Tag hindurch zu reden (und auf ihn zu hören). Die meisten Christen finden es jedoch sehr wichtig, jeden Tag eine gewisse Zeit mit Gott im Gebet zu verbringen. Es kann sehr schwierig sein, eine solche Gebetszeit festzulegen (wir sind oft faul und der Feind ist aktiv). Wenn diese tägliche Gebetszeit jedoch einmal errungen ist, wird sie zum Rückgrat unseres Lebens als Christen.

Wir können dabei folgendermaßen vorgehen:

– Eine geeignete Zeit herausfinden.

– Einen geeigneten Platz herausfinden.

– Die Zeit zum Gebet fest einplanen.

5. Gesprächsgruppen

Tauschen Sie sich über Ihre Erfahrungen mit dem Gebet in Kleingruppen aus.

– Finden Sie es schwierig oder einfach?

– Welche Zeit und welcher Platz sind für Sie am besten?

– Was passiert, wenn Sie beten?

– Welche Fragen haben Sie zum Gebet?

6. Täglich mit Gott im Gespräch

Es gibt nicht den einen „richtigen“ Weg für das Gebet, der für jeden der beste ist. Manche Menschen benutzen eine tägliche Bibellesehilfe für ihre Gebetszeit. Andere nehmen die „Losungen“ als Ausgangspunkt. Andere folgen einer Andacht im Evangelischen Gesangbuch oder im Evangelischen Tagzeitenbuch. Es ist das Beste, wenn Sie für sich selbst herausfinden, was Ihnen hilft und dies dann benutzen.

Wir sind alle unterschiedliche Menschen, und Gott hat zu jedem eine individuelle Beziehung. Es gibt verschiedene Möglichkeiten, eine tägliche Gebetszeit zu planen.

Hier ist eine Möglichkeit, die viele hilfreich finden.

Teilen Sie die Zeit der Stille mit Gott in drei Phasen:

- Vorbereitung
- Zuhören
- Reden

Besprechen Sie in Kleingruppen die Bedeutung dieser Phasen für die Gebetszeit. Schreiben Sie in den Kasten unten alles auf, was Ihnen zu den drei Bereichen einfällt: Welche Möglichkeiten gibt es, sich auf das Gebet vorzubereiten? Wie können wir auf Gott hören? Welche Möglichkeiten gibt es, mit Gott zu reden?

Vorbereitung:
Hören:
Reden:

7. Gemeinsam beten

Jesus möchte, dass die, die ihm nachfolgen, sowohl alleine als auch miteinander beten. Das gemeinsame Gebet geschieht im Gottesdienst, aber es sollte auch in kleineren Gruppen praktiziert werden: zu zweit oder zu dritt oder in Hauskreisen. Wenn Christen gemeinsam beten, tritt Gott auf den Plan und die Gemeinden wachsen.

Manche Menschen sind gehemmt, wenn Sie in einer Gruppe laut beten wollen. Dies muss nicht sein. Die folgenden Gedanken können hier eine Hilfe sein:

- Beten Sie kurz und zur Sache.
- Beten Sie so, dass die anderen Sie verstehen können.

– Machen Sie sich keine Gedanken darüber, wie andere beten.

– Seien Sie natürlich – und geben Sie nicht so schnell auf. Wie mit anderen Dingen auch ist es am Anfang schwierig, aber es wird mit der Zeit leichter.

> „Aber auch das sage ich euch: Wenn zwei von euch hier auf der Erde meinen Vater um etwas bitten wollen und darin übereinstimmen, dann wird er es ihnen geben. Denn wo zwei oder drei in meinem Namen zusammenkommen, bin ich in ihrer Mitte."
>
> Matthäus 18,19-20

Abschlussandacht

Wir wollen das Treffen beenden, indem wir uns Zeit nehmen für ein gemeinsames Gebet – in der Gesamtgruppe oder in Kleingruppen.

Sprechen Sie in der Gruppe zuerst darüber, für wen und was Sie beten wollen. Der Gruppenleiter kann das Gebet beginnen. Dann können die Teilnehmenden der Gruppe, die möchten, selbst laut Gebetsanliegen einbringen oder auch andere Dinge im Gebet nennen (Dank und Lob Gottes). Das Gebet kann abgeschlossen werden, indem die Gruppe gemeinsam den Segen oder das „Vater unser" spricht.

Schritte auf dem Weg

Denken Sie in der kommenden Woche darüber nach, wie Sie für sich eine eigene Gebetszeit planen können. Notieren Sie Ihre Ideen und Entscheidungen.

Wir schlagen vor, dass Sie in dieser Woche das „Vater Unser" (Matthäus 6,9 13) lesen. Dabei können Sie sich für jeden Tag der Woche eine Zeile zum Nachdenken vornehmen.

8.
Wegweiser durch die Zeiten. Vom Umgang mit der Bibel

1. Meine persönliche Erfahrung mit der Bibel

Sprechen Sie in Kleingruppen über Ihre Erfahrungen mit der Bibel.

- Wie viel haben Sie gelesen?
- Wie oft lesen Sie die Bibel?
- Finden Sie die Bibel schwer oder leicht zu verstehen?
- Welche Fragen haben Sie über die Bibel?

2. Warum ist die Bibel einzigartig?

- Die Bibel steht jedes Jahr auf dem ersten Platz der Bestsellerliste der Welt.
- Dieses Buch wurde in mehr Sprachen übersetzt als irgendein anderes Buch.
- Millionen von Christen in der ganzen Welt lesen (oder hören) täglich und wöchentlich die Bibel in Gottesdiensten, kleinen Gruppen und für sich allein.
- Was die Bibel über Gott und den Menschen sagt, sind Grundpfeiler unserer ganzen Zivilisation geworden.

Christen glauben, dass Gott durch dieses Buch auf einzigartige Weise zu uns Menschen gesprochen hat und es auch heute noch tut.

Schlagen Sie in kleinen Gruppen die folgenden Textstellen auf und schreiben Sie auf, was jeweils über die Bibel ausgesagt wird.

2. Timotheus 3,16

Psalm 1,1-3

Psalm 119,105

Epheser 6,17

3. Ein Blick ins Alte Testament

Das Alte Testament ist eine Sammlung von Büchern und Schriften, die im Laufe von über 1000 Jahren geschrieben wurden. Das ist mehr als die Spannbreite in der deutschen Literatur von Walther von der Vogelweide bis heute.

Viele der einzelnen Bücher wurden gesammelt und kamen im Laufe der Zeit dazu.

Das Alte Testament wurde hauptsächlich in hebräischer Sprache geschrieben (z.T. auch in Aramäisch). Im Ganzen gesehen erzählt das Alte Testament die Geschichte des Volkes Israels und der Beziehung Gottes zu diesem Volk.

Die unterschiedlichen Bücher in der Sammlung müssen auf verschiedene Weise ausgelegt werden. Hier brauchen Sie sicher Unterstützung, denn das Alte Testament kommt aus anderen, uns weitgehend fremden Kulturen.

Die folgenden Bücher sind in der Sammlung des Alten Testamentes enthalten:

– Gesetzesbücher
– Geschichtsbücher
– Prophetenschriften
– Lieder
– Weisheitsliteratur

4. Ein kurzer Ausflug in die Geschichte

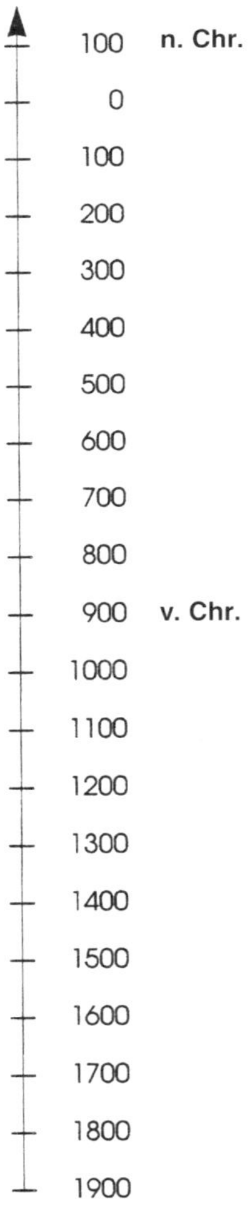

Markieren Sie in Kleingruppen auf der linken Seite des Zeitstrahls, wann Ihrer Meinung nach die folgenden berühmten Personen der Bibel gelebt haben bzw. wann die Ereignisse stattfanden.

– König David
– Abraham
– Paulus
– Moses
– Jesus
– Der Auszug aus Ägypten

Besprechen Sie dann die Ereignisse entweder in der Gesamtgruppe oder schlagen Sie die Zeittafel in Ihrer eigenen Bibel auf. Auf diese Weise bekommen Sie einen Einblick in 2000 Jahre biblischer Geschichte.

5. Und nun ein Blick ins Neue Testament

Das Neue Testament ist, genauso wie das Alte, eine Sammlung, nur sind hierin nicht so viele verschiedene Bücher enthalten. Es wurde in den 60 Jahren nach Jesu Tod und Auferstehung in griechischer Sprache verfasst.

Das Neue Testament wurde von Jüngern Jesu und von Menschen aus der ersten Christengeneration geschrieben.

Das Neue Testament erzählt die Geschichte von Jesus und den ersten christlichen Gemeinden (die so genannte Urgemeinde).

Die Bücher des Neuen Testamentes sind folgende:

- Vier Evangelien
- Die Apostelgeschichte (von Lukas)
- Viele Briefe (von Paulus und anderen)
- Die Offenbarung

6. Wie lesen wir heute die Bibel?

Einige wichtige Hinweise:

- Lesen Sie die Bibel in einer Version, die Sie verstehen können – am besten benutzen Sie eine moderne Ausgabe.
- Versuchen Sie nicht, die Bibel vom Anfang bis zum Ende durchzulesen.
- Benutzen Sie die Bibel nicht wie ein Horoskop.
- Versuchen Sie beim Lesen darauf zu hören, was Gott Ihnen sagen will.

Einige Möglichkeiten die Bibel zu lesen:

- Manche Christen benutzen Bibellesehilfen – zum Teil mit Datum und einem vorgeschlagenen Text für jeden Tag eines Jahres.
- Lesen Sie hin und wieder ein biblisches Buch ganz durch, um zusammenhängendes Hintergrundwissen zu erwerben.
- Benutzen Sie Ihre Phantasie und versuchen Sie, sich in einen Text hineinzudenken.
- Denken Sie konzentriert über einen Vers nach: Meditieren Sie ein Bibelwort.

Schritte auf dem Weg

Wir wollen Gott für sein Wort, die Bibel, danken.

Arbeiten Sie weiter daran, Ihre persönliche Gebetszeit gut zu gestalten. Jetzt können Sie auch regelmäßiges Bibellesen in die „Zeit mit Gott" aufnehmen.

9.
Gemeinsam auf dem Weg. Ohne Gemeinde geht es nicht

1. Gemeinsamer Austausch

Tauschen Sie sich in Kleingruppen darüber aus, wie Ihre eigene Geschichte mit Ihrer Kirche und Gemeinde bisher verlief.

– Was waren Ihre ersten Eindrücke?

– Was fanden Sie hilfreich?

– Was hat Sie überrascht?

– Gab es Dinge, die hinderlich waren?

– Was würden Sie einer Person entgegnen, die sagt: „Man muss nicht in die Kirche gehen, um Christ zu sein.“?

> „Sie blieben aber beständig in der Lehre der Apostel und in der Gemeinschaft und im Brotbrechen und im Gebet. Es kam aber Furcht über alle Seelen, und es geschahen auch viele Wunder und Zeichen durch die Apostel. Alle aber, die gläubig geworden waren, waren beieinander und hatten alle Dinge gemeinsam. Sie verkauften Güter und Habe und teilten sie aus unter alle, je nachdem es einer nötig hatte. Und sie waren täglich einmütig beieinander im Tempel und brachen das Brot hier und dort in den Häusern, hielten die Mahlzeiten mit Freude und lauterem Herzen und lobten Gott und fanden Wohlwollen beim ganzen Volk. Der Herr aber fügte täglich zur Gemeinde hinzu, die gerettet wurden.“
>
> Apostelgeschichte 2,42-47

2. Wie wichtig ist es, zu einer Gemeinde zu gehören?

Sie können nicht für sich alleine Christ sein, denn Christsein bedeutet, eine besondere Beziehung zu Gott und zu anderen Menschen zu haben. Diese Beziehung soll lebendig sein und wachsen. Darum muss man Teil einer Gemeinde (Kirche) sein, wenn man im Glauben wachsen will.

Lesen Sie die Beschreibung der ersten Gemeinde in der Apostelgeschichte.

– Was würde Sie ansprechen, wenn Sie zu einer solchen Gruppe gehörten?
– Inwiefern ist Ihre Gemeinde so wie die hier beschriebene?

3. Was ist die Kirche? – Drei Bilder aus der Bibel

Die ersten Gemeinden hatten keine Kirchengebäude. Für sie war darum auch die Kirche eine Gruppe von Menschen und nicht ein Gebäude, in dem man sich zum Gottesdienst traf.

Man „ging“ nicht nur zur Kirche. Man gehörte zur Kirche und man war die Kirche.

Schauen Sie sich die drei neutestamentlichen Bilder für die Kirche an:

– In Epheser 4,1-16 und 1. Korinther 12 wird die Kirche mit einem Leib verglichen. Der einzelne Christ ist ein Glied an diesem Leib.

– In Epheser 5 und Offenbarung 21 ist die Kirche die Braut Christi, die auf die Rückkehr des Bräutigams wartet.

– In 1. Petrus 2 wird die Kirche als Gebäude bezeichnet. Jeder Christ ist ein lebendiger Stein des Gebäudes.

Wenn wir das Glaubensbekenntnis im Gottesdienst sprechen, bekennen wir, dass wir an die „heilige, christliche Kirche“ und die „Gemeinschaft der Heiligen“ glauben.

4. Gesprächsgruppen

Tauschen Sie sich in Kleingruppen aus zu der Frage: Wie viel wissen wir über unsere eigene Gemeinde?

– Die Geschichte unserer Gemeinde
– Die Schwerpunkte unserer Gemeinde
– Die Zielsetzungen unserer Gemeinde

5. Mittendrin geht's uns gut – Wie Christen zur Kirche gehören

Wir gehören auf viererlei Weise zur Kirche. Dabei sind alle vier Aspekte wichtig.

– Die universale Kirche
– Die Konfession
– Die Gemeinde
– Die Kleingruppe

1) DIE UNIVERSALE KIRCHE

Damit sind alle Menschen gemeint, die an Jesus Christus glauben, und zwar auf der ganzen Welt und zu allen Zeiten (d.h. Vergangenheit, Gegenwart und Zukunft). Wir sind ein Teil dieser großen Gemeinschaft der Christen.

Eine große „Wolke von Zeugen", die vor uns zu Gott gegangen ist, gibt auf uns Acht, betet für uns und ermutigt uns (Hebräer 12,1).

In Christus haben wir Schwestern und Brüder in der ganzen Welt.

Wir sind ein Leib.

2) DIE KONFESSION

Wir gehören außerdem einer Glaubensrichtung an. Innerhalb der universalen Kirche sind wir evangelisch oder freikirchlich, katholisch oder Teil einer anderen Tradition.

In Bezug auf die Grundlagen des Glaubens sind sich die unterschiedlichen Konfessionen und Denominationen weitgehend einig. Unterschiede gibt es vor allem in der Auslegung mancher Glaubensinhalte.

Die Konfession gibt den einzelnen Christen ein Zugehörigkeitsgefühl. Hier sind die Grundregeln des Glaubens und der Glaubenspraxis festgelegt, ebenso ein Grundverständnis für Gottesdienst, Amt und Dienst in der Gemeinde. Dies alleine reicht jedoch noch nicht aus.

3) DIE GEMEINDE

Es ist wichtig, dass wir zu einer Gemeinde vor Ort gehören und in der Gemeinde leben. Dies ist nämlich unsere Familie im Glauben. Hier kommen wir jede Woche zum Gottesdienst zusammen. Hier lernen wir etwas über den Glauben. Hier achten wir aufeinander. Hier bringen wir uns in der Mitarbeit ein. Hier unterstützen wir die Arbeit durch unsere Spenden. Wir gehören dazu, indem wir zum Gottesdienst kommen und sowohl geben als auch empfangen.

4) DIE KLEINGRUPPE

Selbst auf der Ebene der Gemeinde können Beziehungen oft sehr oberflächlich sein, besonders wenn die Gemeinde groß ist. Die Gemeinschaft unter

Christen, wie sie in Apostelgeschichte 2 beschrieben wird, kann am besten in einer kleinen Gruppe von Christen innerhalb einer Gemeinde gelebt werden. Die unterschiedlichen Gemeinden bieten hier verschiedene Möglichkeiten an. Das Entscheidende ist, dass Menschen in einer Gemeinde einen Ort finden, an dem sie im Glauben wachsen können. Als Menschen, die miteinander auf dem Weg sind, brauchen wir die Möglichkeit zum persönlichen Austausch. Gemeinsam wollen wir miteinander Sorgen und Nöte, aber auch Freuden teilen.

6. Mitglied der Kirche werden

In allen christlichen Kirchen ist die Taufe das zentrale Ereignis, durch das ein Mensch Mitglied der Kirche wird.

Die Taufe wird von der Kirche als Sakrament bezeichnet. Das Wort „Sakrament" bedeutet einen Schwur. Mit der Taufe ist ein Versprechen Gottes verbunden.

In der Taufe verspricht Gott uns, unsere Sünden zu vergeben. Sie ist ein Zeichen dafür, dass wir von unseren Sünden reingewaschen werden, wenn wir Christus unser Leben anvertrauen. Sie ist ein Zeichen dafür, dass unser altes Ich mit Christus stirbt und wir mit Christus zu einem neuen Leben auferstehen.

Das Sakrament ist ein äußeres, sichtbares Zeichen für eine innere, geistliche Gnade, die dem Menschen zuteil wird, der das Sakrament empfängt.

Das äußere Zeichen können wir sehen und mit unserem Körper erfahren. In der Taufe ist dieses äußere Zeichen das Wasser. Die innere geistliche Gabe ist dabei das, was wir im Glauben empfangen. In der Taufe ist es die Vergebung der Sünden, die Gabe des Heiligen Geistes und die Geburt zu einem neuen Leben mit Christus.

UNTERSCHIEDLICHE TAUFVERSTÄNDNISSE

In der evangelischen und der katholischen Kirche, in der anglikanischen Kirche, bei den Methodisten und in vielen anderen Kirchen werden die Kinder der Kirchenmitglieder als Babys getauft. Die Eltern und Paten geben an Stelle der Kinder ein Taufversprechen und bekennen sich zum christlichen Glauben.

Wenn die Kinder alt genug sind, oder häufig auch, wenn sie sich als Erwachsene wieder dem christlichen Glauben zuwenden, werden sie als erwachsenes Mitglied in die Kirche aufgenommen oder bestätigen ihre Zugehörigkeit durch die Konfirmation oder durch eine Erneuerung des Taufversprechens.

Bei den Baptisten, in Hauskirchen und einigen anderen Freikirchen gibt es keine Kindertaufe. Getauft werden hier nur Erwachsene und Jugendliche, wenn sie selbst ein Bekenntnis zum Glauben abgelegt haben. Bei der Taufe werden die Kandidaten ganz untergetaucht.

Schritte auf dem Weg

Wir können in dieser Woche für unsere eigene Gemeinde beten.

Denken Sie möglichst noch einmal darüber nach, was Ihnen Ihre eigene Kirchenzugehörigkeit bedeutet (wenn Sie zu einer Kirche gehören).

10.
Stärkung auf dem Weg.
Vom Abendmahl

1. Gemeinsamer Austausch

Tauschen Sie sich mit einem Partner über folgende Fragen aus:

- Welche drei gemeinsamen Essen waren für Sie in Ihrem Leben am wichtigsten (oder am schönsten)? Mit wem haben Sie gegessen? Was haben Sie gegessen? Warum war es für Sie wichtig?
- Warum feiern wir besondere Ereignisse meist mit einem gemeinsamen Essen?

> „Denn diese Anweisungen habe ich vom Herrn empfangen und an euch weitergegeben: In der Nacht, in der unser Herr Jesus verraten wurde, nahm er das Brot, dankte Gott dafür, teilte es und sprach: ‚Das ist mein Leib, der für euch hingegeben wird. Denkt daran, sooft ihr dieses Brot esst' Dann nahm er den Kelch und sprach: ‚Dieser Kelch ist der neue Bund zwischen Gott und euch, der durch mein Blut besiegelt wird. Denkt daran, sooft ihr daraus trinkt' Denn jedes Mal, wenn ihr dieses Brot esst und aus diesem Kelch trinkt, verkündet ihr den Opfertod des Herrn. Und daran sollt ihr festhalten, bis er wiederkommt."
>
> 1. Korinther 11,23-26

2. Warum feiern wir das Abendmahl?

In der Nacht, bevor Jesus gekreuzigt wurde, feierte er mit seinen Jüngern das Passafest. Während des Essens hat Jesus zu seinen Jüngern gesagt, dass sie ihn in dieser besonderen Weise in Erinnerung behalten sollen: indem sie gemeinsam das Brot brechen und den Wein trinken. In einem solchen gemeinsamen Mahl sollen wir uns für immer daran erinnern, dass Jesus für uns gestorben ist.

Wir feiern das Abendmahl, weil Jesus gesagt hat: „Dies tut zu meinem Gedächtnis." Die Abendmahlsfeier hat Jesus Christus selbst eingesetzt. Sie ist darum die zentrale gottesdienstliche Feier der Kirche.

Tauschen Sie sich in kleinen Gruppen darüber aus, was die Feier des Abendmahls für Sie bedeutet.

3. „Dies tut zu meinem Gedächtnis ...“

Das letzte Abendessen, das Jesus mit seinen Jüngern feierte, war ein Passamahl: ein besonderes Mahl, in dem die Juden sich daran erinnern, dass Gott sie aus der Sklaverei in Ägypten befreit hat. Die Juden glauben, dass, wenn sie dieses geschichtliche Ereignis feiern, Gottes Handeln in der Vergangenheit, nämlich die Rettung des Volkes Israels, in der Gegenwart auch Wirklichkeit wird.

Bei dem letzten Abendessen gibt Jesus seinen Jüngern ein neues besonderes Mahl: In diesem Mahl wird die noch größere und umfassende Rettung, die geschah, als Jesus am Kreuz für die Schuld der Welt starb, in Erinnerung gerufen und gegenwärtig.

Jesus hat im Abendmahl seinen Jüngern die Möglichkeit geschenkt, seinen Tod zu verstehen und in Erinnerung zu behalten. Wenn wir heute gemeinsam Abendmahl feiern, feiern wir den Opfertod Jesu und den neuen Bund mit Gott im Zentrum unserer Gottesdienste.

Im Abendmahl begegnet uns der auferstandene Christus. Christus begegnet uns in den anderen, die am Gottesdienst teilnehmen, weil wir alle Glieder an seinem Leib sind. Er begegnet uns im Wort der Bibel, seinem lebendigen Wort an uns. Er begegnet uns in Brot und Wein, denn diese werden für uns zum Zeichen für seinen Leib und sein Blut, das er für uns gegeben hat.

Genau wie die Taufe ist auch das Abendmahl ein Sakrament: Die äußeren sichtbaren Zeichen sind Brot und Wein. Die innere Wirklichkeit ist die lebendige Gegenwart Jesu.

4. Die Abendmahlshandlung

In der Abendmahlsfeier wird das Brot genommen, gesegnet, gebrochen und ausgeteilt.

Sehen Sie sich gemeinsam den Ablauf einer Abendmahlsfeier an (nach der Agende bzw. dem Gottesdienstbuch oder der in Ihrer Gemeinde üblichen Form). Besprechen Sie, welche Teile der Liturgie auf welche Handlungen Bezug nehmen.

Was bedeuten diese Handlungen? Beziehen sie sich auf das, was am Kreuz geschah? Inwiefern wurde Jesu Leben genommen, gesegnet, gebrochen und ausgeteilt?

Wie kann dies in unserem Leben geschehen? Was könnte es bedeuten, uns „eucharistische Menschen“ zu nennen? Menschen, die Gott „nimmt, segnet, bricht und austeilt“?

5. Ein Gottesdienst mit vielen Namen

Die Worte, die wir heute im Abendmahlsgottesdienst der verschiedenen Konfessionen sprechen, und der Ablauf der Feier lassen sich durch die Jahrhunderte hindurch zurückverfolgen bis in die Zeit der ersten Kirche. Die Begriffe, die für die Bezeichnung der Mahlfeier in den Konfessionen verwendet werden, betonen unterschiedliche Aspekte.

Die Bezeichnung *Abendmahl oder Herrenmahl* betont, dass das Abendmahl die letzte gemeinsame Mahlzeit war, die Christus mit seinen Jüngern feierte. Wir werden an das Leiden Jesu und seinen Tod erinnert. Die Betonung liegt auf der Würde und dem Ernst des Ereignisses. Es ist ein Opfermahl.

Eucharistie bedeutet Danksagung. In der Eucharistie danken wir Gott für die gesamte Schöpfung und für alles, was er für uns in Christus getan hat. Die Betonung liegt hier auf dem Feiern und der Festlichkeit.

Die *Messe* erinnert uns daran, dass das Abendmahl eine Bestimmung hat. Das Wort „Messe“ kommt von dem gleichen lateinischen Wort wie das Wort „Mission“. Es bedeutet Sendung. Die Betonung liegt hier darauf, dass wir das, was wir empfangen, in die Welt hinaustragen. Es ist Proviant für den Weg.

Kommunion bedeutet teilen mit Gott und mit anderen Christen. Die Betonung liegt auf dem einfachen Erleben von Gemeinschaft. Es ist ein Familienmahl.

6. Wie wir Gottesdienst feiern

VOR DEM GOTTESDIENST

Planung: Wir wollen uns vornehmen, jede Woche zum Gottesdienst zu gehen. Gott gehört nicht nur die Zeit, die wir übrig haben. Er gehört an die erste Stelle. Wir wollen pünktlich zum Gottesdienst kommen, damit wir bereit sind, wenn der Gottesdienst beginnt.

Vorbereitung: Wir wollen uns auf den Gottesdienst innerlich vorbereiten, besonders auch darauf, das Abendmahl zu empfangen. Wenn wir auf die vergangene Woche zurückblicken, können wir uns folgende Fragen stellen: Wofür muss ich um Vergebung bitten? Wofür kann ich danken? Für wen will ich beten? Welche Hilfe und Stärkung brauche ich für mein eigenes Leben?

Erwartung: Wir rechnen mit Gott. Er hat versprochen, uns im Gottesdienst zu begegnen.

WÄHREND DES GOTTESDIENSTES

Konzentration ist jetzt gefragt. Wir wollen uns nicht ablenken lassen und richten unsere Gedanken auf Gott aus.

Teilnahme: Wir wollen mitmachen, wo es geht, und mit dem ganzen Herzen dabei sein. Wir sind schließlich nicht Zuschauer, sondern Teilnehmende.

Feier: Es ist ein Fest – Wir wollen es fröhlich mitfeiern. Im Gottesdienst geht es darum, dass wir uns an Gott freuen dürfen.

NACH DEM GOTTESDIENST

In die Praxis umsetzen: Gott loben und auf sein Wort hören ist nicht nur etwas für sonntags. Wir wollen im Alltag das leben, was wir erkannt haben.

Gott jeden Tag loben: Wir wollen Gott sieben Tage in der Woche loben, an jedem Ort, ganz gleich, was wir gerade tun. Wir können ihm für jeden Bereich unseres Lebens danken.

7. Ablauf einer Abendmahlsfeier

Die Mahlfeier lässt sich in zwei Abschnitte einteilen: Wortgottesdienst (Verkündigung) und Sakramentsgottesdienst (Austeilung von Brot und Wein). Im ersten Teil geht es darum, dass Christus uns in den Worten aus der Schrift begegnet, im zweiten Teil begegnet uns Christus im Sakrament.

Eröffnung und Anrufung: Wir kommen zusammen und loben Gott

Wortgottesdienst = Verkündigung und Bekenntnis: Wir hören Gottes Wort in Lesungen und Predigt und bekennen uns zu Gott in Liedern und Glaubensbekenntnis.

Sakramentsgottesdienst = Abendmahl: Wir loben Gott mit der gesamten Christenheit („Dreimalheilig"), bitten Gott um seinen Geist und erinnern an die großen Taten Gottes (Abendmahlsgebete). Wir hören die Einsetzungsworte, sprechen das Gebet des Herrn (Vaterunser) und sprechen einander den Frieden zu. Wir singen das Lied vom „Lamm Gottes" und empfangen Brot und Wein („Christi Leib, für dich gegeben" – „Christi Blut, für dich vergossen"). Wir danken Gott für die Gaben des Altars.

Sendung und Segen: Wir beten für andere Menschen und gehen mit dem Segen, gesandt zum Zeugnis und Dienst in unserer alltäglichen Welt.

Schritte auf dem Weg

Sie können den Inhalt des Treffens am besten vertiefen, wenn Sie die Abendmahlsliturgie in Ruhe zu Hause durchlesen. Besorgen Sie sich in Ihrer Gemeinde eine Kopie der Abendmahlsliturgie, wie sie in Ihrer Gemeinde gefeiert wird. Denken Sie über die Worte und ihre Bedeutung noch einmal nach, dann können Sie nächste Woche fragen, was für Sie noch unklar geblieben ist.

Die Feier des Abendmahls kann uns auf dem Weg im Glauben immer wieder neu stärken. Wir wollen Gott darum danken, dass er uns diese Möglichkeit der Begegnung und Stärkung geschenkt hat.

Themenblock 3:
Als Christ im Alltag leben

11.
Mit Gott auf dem richtigen Weg bleiben

1. Leitplanken am Abgrund – Die Zehn Gebote

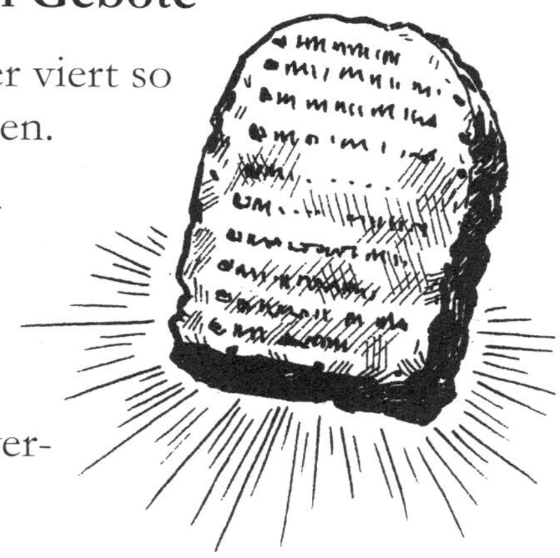

– Schreiben Sie in kleinen Gruppen zu dritt oder viert so viele von den Zehn Geboten auf, wie Sie wissen.

– Welche von den Geboten, die Sie aufgeschrieben haben, werden heutzutage am häufigsten gebrochen?

– Schlagen Sie die Liste der Zehn Gebote in 2. Mose 20 nach und vergleichen Sie diese mit Ihrer Liste.

2. Die Anweisungen des Herstellers beachten

Christsein bedeutet nicht nur bestimmte Glaubensinhalte anzunehmen und auch nicht nur die Dinge tun, die uns helfen, im Glauben zu wachsen.

Christsein muss Auswirkungen haben auf unser ganzes Leben.

Wie der Mensch nach Gottes Willen leben soll, ist in der Bibel klar beschrieben.

Die Richtlinien Gottes sind nicht enge Vorschriften, sondern so etwas wie die Anweisungen eines Herstellers, die den richtigen Einsatz eines Produktes garantieren. Gott als unser „Hersteller" gibt uns Anweisungen, damit wir, seine Geschöpfe, wissen, wie wir das Leben richtig leben können.

Wenn wir als Christen im Glauben wachsen wollen, müssen wir wissen, welche Maßstäbe Gott uns für das Leben gibt und wir müssen zusehen, dass wir uns daran halten.

Wir werden nie ganz den Verhaltensstandard und die innere Einstellung erreichen, die Gott sich für uns Menschen gedacht hat. Dennoch ist es notwendig, dass jeder Christ sich zum Ziel setzt, im Laufe der Jahre Christus ähnlicher zu werden.

3. Kämpfe den guten Kampf („Kein Sonntagsspaziergang")

Die Bibel beschreibt das Leben eines Christen als einen Kampf. In einem anglikanischen Taufgottesdienst wird dieses Bild aufgegriffen. Hier wird der Christ beschrieben als jemand, der an drei Fronten kämpft:

„Kämpfe tapfer unter dem Banner Christi gegen die Sünde, die Welt und den Teufel und bleibe sein treuer Kämpfer und Diener bis ans Ende deines Lebens."

GEGEN DIE SÜNDE

Wenn ein Mensch zum Glauben kommt und Christ wird, sind alle seine Sünden vergeben. Die Herrschaft der Sünde ist beendet. Dennoch hört er nicht völlig auf zu sündigen. Wie ist das zu erklären?

Schlagen Sie die folgenden beiden Bibelstellen auf. Paulus beschreibt hier den Kampf zwischen dem alten Menschen und dem neuen:

– Römer 7,15-25

– Galater 5,16-24

Sprechen Sie in kleinen Gruppen darüber, ob Sie diesen Kampf gegen Sünde in Ihrem Leben erfahren. In welche „Kämpfe" waren Sie schon verwickelt? Oder welche „Kämpfe" müssen Sie zur Zeit durchstehen?

GEGEN DIE WELT

Jesus weiß darum, dass die „Dinge dieser Welt" die Kraft haben, einen Christen vom rechten Weg abzubringen.

Lesen Sie den Bericht über den Samen, der unter die Dornen fiel und auf felsigen Boden (Lukas 8,6-7+13-14).

Was sind Ihrer Meinung nach die „Dinge der Welt", und warum haben sie diesen Einfluss?

GEGEN DEN TEUFEL

Der Teufel ist Wirklichkeit. Jesus ist ihm begegnet, und wir werden in unserem Leben als Christen auch erfahren, dass es ihn gibt. Der Teufel legt alles darauf an, die Absichten und Pläne Gottes zu zerstören. Er ist Gottes entschiedener Gegner und gibt nie auf.

Schlagen Sie 1. Petrus 5,8-9 und Jakobus 4,7 auf.

Was können wir aus diesen Versen über die Macht und die Strategie des Feindes lernen? Wie können wir uns ihm widersetzen?

4. Weg von der schiefen Bahn

Christen sind aufgerufen, für Gerechtigkeit einzutreten und sich von allem Bösen abzuwenden. Dies versprechen wir, wenn wir als Erwachsene getauft werden („Ich entsage dem Teufel und all seinen Werken"). In allen Bereichen unseres Lebens sollte dies deutlich werden.

Viele Menschen, die zum Glauben kommen, waren vorher verwickelt in ungerechte und falsche Machenschaften und Organisationen, einschließlich Okkultismus. Manchmal wird es leicht sein, sich von solchen Dingen zu distanzieren. Manchmal haben solche Dinge unser Leben aber auch in gefährlicher Weise im Griff.

In solchen Fällen ist Gebet und Seelsorge notwendig. In Einzelfällen müssen die betreffenden Menschen durch einen kompetenten Seelsorger von den Bindungen befreit werden. Man muss dann gezielt dafür beten, dass die Menschen von der Macht des Bösen befreit werden. Die Macht Jesu ist stärker und geht tiefer als irgendeine andere Macht des Universums.

5. Richtig oder falsch

Selbst für Menschen, die schon länger mit Jesus auf dem Weg sind, ist es nicht immer einfach zu entscheiden, was in einer Situation richtig oder falsch ist – besonders dann nicht, wenn es um Gottes Willen im Blick auf Entscheidungen geht, die eine ganze Gesellschaft oder die Welt betreffen.

Bilden Sie kleine Gruppen und wählen Sie eine oder zwei der folgenden Situationsbeschreibungen aus. Besprechen Sie, was Sie in der Situation tun würden und wie sich die Gemeinde verhalten sollte.

Heike ist vor kurzem Christin geworden. Sie lebt schon seit drei Jahren mit ihrem Freund zusammen, und gemeinsam haben sie eine Tochter. Jetzt, wo sie Christin geworden ist, fragt sich Heike, was sie im Blick auf diese Situation tun soll. Was würden Sie ihr raten?

Sven arbeitet für eine Speditionsgesellschaft. Er bemerkt, dass seine Kollegen und der Vorarbeiter die Gesellschaft hintergehen. Früher war ihm das egal. Jetzt, wo er Christ ist, kann er nicht einfach darüber hinwegsehen. Wie sollte er sich verhalten?

Susanne ist im Leitungsgremium der kirchlichen Schule am Ort. Sie stellt fest, dass rassistische Einstellungen im Leitungsgremium und bei einigen Lehrern stark vertreten sind. Dies wirkt sich aus in den Entscheidungen über die Aufnahmen zum Schuljahresbeginn und bei der Einstellung neuer Lehrer. Was soll sie tun?

Die Gemeindeleitung befasst sich mit dem Finanzhaushalt des laufenden Jahres und stellt dabei fest, dass am Jahresende ein Minus von etwa 10% in der Kasse sein wird. Einige Mitglieder des Leitungsgremiums machen den Vorschlag, dass der für Mission und Hilfsprojekte vorgesehene Betrag (etwa 10% des Haushaltes) dieses Jahr für die eigene Gemeinde verwendet werden könnte. Wie sollte die Gemeindeleitung entscheiden?

Ihnen und einem oder zwei weiteren Gemeindegliedern ist der Umweltschutz besonders wichtig. Sie sehen sich vor Gott verantwortlich, sich an dieser Stelle stark zu machen. Was können Sie in Ihrem eigenen Haushalt zu Gunsten der Umwelt verändern und was können Sie in Ihrer Gemeinde und Stadt verbessern?

6. Gut ausgerüstet geht's voran

Woher kommt die Kraft, in den Auseinandersetzungen des Glaubens zu bestehen?

Die Kraft kommt von:

Dem Kreuz Jesu: Denn am Kreuz hat Jesus den Sieg über die Sünde und den Tod errungen und über alle Mächte der Finsternis triumphiert.

Dem Heiligen Geist: Er wohnt in jedem Christen und gibt uns Kraft, dem Bösen zu widerstehen.

Der Waffenrüstung Gottes (Epheser 6): Gott gibt uns eine Ausrüstung für die Glaubensprüfungen im Alltag.

Wir werden reichlich mit dieser beständigen Erneuerung von Gottes Gnade versorgt, und zwar durch die Sakramente und den Dienst der Kirche/ Gemeinde. Wenn wir regelmäßig das Abendmahl empfangen, für uns beten lassen, unsere Sünden bekennen, die Bibel lesen und beten und darüber hinaus die Unterstützung einer Gruppe von Christen haben, bleiben wir geistlich fit und gut ausgerüstet für die Glaubensprüfungen im Alltag.

Schritte auf dem Weg

Wir schließen das Treffen mit einer Zeit zum Nachdenken in der Stille. Wo ruft Gott Sie auf, Ihren momentanen Lebensstil zu ändern? Welche Schritte fallen Ihnen schwer? Wofür brauchen Sie besonders Kraft?

In der vor uns liegenden Woche wollen wir es einüben, die „Waffen Gottes“ anzulegen, damit wir die Auseinandersetzungen des Alltags im Glauben mutig bestehen.

12.
Gemeinsam im Einsatz

1. Achtung: Hier wird gebaut!

Stellen Sie sich vor, dass es in Ihrem Nachbarort keine Kirche oder Gemeinde gibt. Die Mitglieder Ihrer Gruppe werden von Ihrer Gemeinde ausgesendet, in dem Ort eine Gemeinde zu gründen. Sie haben 15 Minuten Zeit, um einen Plan zu entwickeln, wie Sie beginnen würden. Legen Sie gemeinsam die Prioritäten für Ihre Gemeindegründung fest und überlegen Sie, welche Gaben für eine Mitarbeit in der neuen Gemeinde in der Gruppe vorhanden sind. Bedenken Sie folgende Fragen:

- Welche wichtigen Aufgaben müssen getan werden?
- Wer wird welche Aufgabe übernehmen?
- Sie haben keine Räumlichkeiten und Ihnen wurden nur 500 Euro bewilligt.

Die Gruppenleiter sollten während dieser Zeit den Raum verlassen und nach 15 Minuten die Ergebnisse anhören.

2. Gottes Mannschaft – Keine Passagiere

Viele Menschen stellen sich die Kirche wie einen Doppeldeckerbus vor. Der Pfarrer/die Pfarrerin ist der Fahrer und der Kirchmeister ist der Fahrkartenkontrolleur. Alle anderen lehnen sich gemütlich zurück und genießen die Fahrt in den Himmel. Dies ist jedoch ein völlig falsches Bild.

Ein viel besseres Bild für die Gemeinde ist das einer Mannschaft im Sport. Jeder in der Mannschaft hat eine genaue Aufgabe und wenn jemand aus der

Mannschaft nicht zum Training erscheint, leidet die gesamte Mannschaft darunter. Wenn einer aus dem Team aussteigt oder ihm die Mannschaft gleichgültig ist, wird dadurch das ganze Team beeinträchtigt.

In Gottes Mannschaft kann es keine Passagiere geben, denn jeder, der zur Mannschaft gehört, hat etwas Wichtiges beizusteuern.

WAS BEDEUTET DAS FÜR UNS?

– In der Kirche sind wir nicht nur jemand, der einen Platz mehr in der Kirchenbank einnimmt.

– Gott hat jedem von uns Gaben gegeben, die entdeckt werden müssen.

– Gott wird uns innerhalb und außerhalb der Gemeinde zu verschiedenen Aufgaben berufen.

Das Leben eines Christen besteht nicht nur aus Beten, Singen und Zur-Kirche-Gehen, sondern es ist auch ein Leben in der aktiven Mitarbeit.

3. Deine Gaben entdecken!

Lesen Sie gemeinsam Römer 12.

Schreiben Sie in den freien Platz unten alle Gaben und Aufgaben, die in dem Kapitel erwähnt werden.

– Markieren Sie mit „A“ alle Aufgaben und Dienste, zu denen wir alle aufgerufen sind.

– Markieren Sie mit „E“ alle Aufgaben und Dienste, für die Einzelne besondere Gaben empfangen haben.

Versuchen Sie dann herauszufinden, wer in der Gruppe welche von den Gaben hat, die auf der Liste stehen.

4. Gemeinsamer Austausch

Tauschen Sie sich in Kleingruppen darüber aus, ob Sie selbst erlebt haben, dass Mitglieder der Gemeinde für Sie in irgendeiner Weise da waren.

- Mit welchen Gaben haben andere sich um Sie bemüht?
- Was hat Ihnen besonders geholfen?
- Wie schätzen Sie die erfahrene Hilfe ein?

5. Jetzt in Gottes Mannschaft mitspielen

Besprechen Sie in Kleingruppen oder in der Gesamtgruppe die verschiedenen Möglichkeiten, die für Sie zur Zeit bestehen, in der Gemeinde eine konkrete Aufgabe zu übernehmen, bzw. in welcher Weise Sie jetzt in der Mannschaft mithelfen können.

Machen Sie zuerst eine Liste der Möglichkeiten, die es außerhalb der Gemeinde gibt, wenn wir uns für das Reich Gottes einsetzen wollen (am Arbeitsplatz, zu Hause oder durch ehrenamtliche Mitarbeit in Vereinen, im Elternbeirat oder Ähnliches).

Schreiben Sie dann die Dienste in der Gemeinde auf, die wir alle ausüben sollen.

Schreiben Sie zum Schluss die besonderen Dienste oder Aufgaben auf, zu denen Einzelne berufen sind. Kreuzen Sie all die Punkte an, wo Sie selbst aktiv sind oder es gerne wären.

Welche Grundregeln sollten wir haben, um unsere Zeit zwischen den Aufgabenfeldern zu Hause, am Arbeitsplatz, in der Gemeinde und in der Gesellschaft richtig zu verteilen?

Schreiben Sie Grundsätze dazu hier auf:

6. Grundregeln für den Einsatz

- Der Dienst in der Gemeinde ist nicht alleine Aufgabe der Pastoren.

- Mitarbeit im Rampenlicht ist nicht wichtiger als das, was hinter den Kulissen geschieht.
- "Geistliche" Dienste sind nicht wichtiger als praktische Dienste.

- Der Dienst für Jesus ist nicht beschränkt auf die Mitarbeit in einer Gemeinde oder andere christliche „Aktivitäten".
- Der Dienst eines jeden Christen ist einzigartig. Versuchen Sie nicht, Ihren Einsatz in Gottes Mannschaft einem anderen nachzumachen.
- Jeder Einsatz und jede Mitarbeit im Reich Gottes geschieht als Dienst.

Lassen Sie sich Zeit für die Entfaltung Ihres persönlichen Einsatzes und Dienstes und bleiben Sie an Diensten, die Sie bereits tun, dran.

Schritte auf dem Weg

Wir wollen das Kapitel abschließen mit einer Zeit der Besinnung zu Johannes 13 (Die Fußwaschung). Es ist auch möglich, die Fußwaschung in der Gruppe zu praktizieren.

Denken Sie in dieser Woche über Ihren eigenen Einsatz in Gottes Mannschaft nach. Bitten Sie Gott, dass er Ihnen zeigt, welche Dienste Sie übernehmen können. Sie können das Gebet von Jesaja 6, 8 beten: „Ich bin bereit, sende mich!"

13.
Unser Geld und unser Lebensstil

1. Persönlicher Austausch

Tauschen Sie sich in kleinen Gruppen über Ihr bisheriges Arbeitsleben aus:

- Wie alt waren Sie, als Sie Ihre erste Arbeitsstelle angetreten haben?
- Welche verschiedenen Jobs hatten Sie bisher?
- Welche Arbeit hat Ihnen am meisten Spaß gemacht?
- Waren Sie zeitweise nicht berufstätig?
- Macht Ihnen Ihr momentaner Beruf oder Ihre Tätigkeit Spaß?
- Hat Ihr Christsein einen Einfluss auf Ihre Arbeit?
- Haben Sie seitdem Sie Christ sind eine andere Einstellung zum Geld?

2. Das Wichtigste zum Thema Geld

WAS MEIN IST, IST SEIN.

Alles was wir haben, kommt von Gott, und es ist unsere Aufgabe, alles was wir empfangen haben, gut zu verwalten. Darin ist die gesamte Schöpfung eingeschlossen. Gott interessiert nicht nur das, was wir geben (oder spenden), sondern ihn interessiert, wie wir mit dem umgehen, was wir haben.

Nach 1. und 2. Mose haben wir Menschen Verantwortung für die ganze Schöpfung. Daher sind Umweltfragen etwas, was Christen unbedingt angeht.

LIEBE ZUM GELD IST GEFÄHRLICH.

Im Neuen Testament können wir einiges darüber lesen, wie gefährlich eine falsche Einstellung zu Geld und Besitz ist. Wir leben in einer sehr materialistischen Zeit. Wir müssen diese Warnungen ernst nehmen und müssen uns von unserem Geld und unserem Besitz lösen.

GOTT GIBT UNS, WAS WIR BRAUCHEN.

Wenn wir unser Geld und unsere Arbeit Gott anvertrauen, wird er uns leiten und mit allem versorgen, was wir brauchen.

3. Bibelarbeit

Gehen Sie in kleine Gruppen. Jede Gruppe kann ein oder zwei der unten angegebenen Bibelstellen lesen. Versuchen Sie gemeinsam herauszufinden, welche wesentlichen Aussagen zum Thema Geld und Besitz gemacht werden. Schreiben Sie Ihre Ergebnisse hier in Stichpunkten auf.

Kommen Sie nun wieder in der Gesamtgruppe zusammen und tauschen Sie sich über die Ergebnisse zu den folgenden Bibelstellen aus:

– 1. Timotheus 6,3-10
– Lukas 12,13-21
– Lukas 18,18-30
– Matthäus 6,19-24
– 2. Korinther 9,6-7

4. Im Geben liegt Segen

Gott hat uns so viel geschenkt. Es ist gut, wenn wir aus Dankbarkeit großzügig geben können. Nach dem Neuen Testament sind wir in folgender Weise zum Geben aufgerufen:

– Proportional zu unserem Einkommen.
– Regelmäßig und zuverlässig.
– Der Not entsprechend.
– Im Stillen.
– Mit Freude.

Für Gott ist nicht so entscheidend, wie viel wir geben, wichtiger ist ihm, mit welcher inneren Einstellung wir geben.

Gott fragt danach, wie viel uns die Gabe wert ist, nicht wie viel ihr Wert in Euro und Cents ist (Lukas 21,1-13).

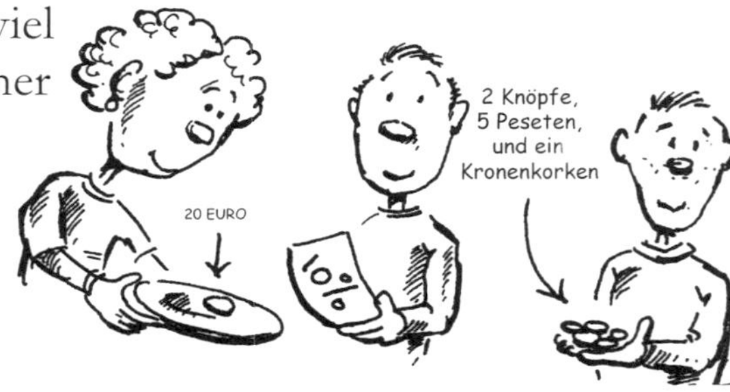

DEN ZEHNTEN GEBEN

Im Alten Testament war der Maßstab für das, was jemand geben sollte, zehn Prozent seines Einkommens. Heute orientieren sich noch immer viele Christen daran und geben „den Zehnten".

Diese Zehn-Prozent-Marke ist für einige etwas, worauf sie zuarbeiten wollen, für andere ist es nur ein Ausgangspunkt. Sie wollen und können mehr geben.

5. Der Finanzhaushalt der Gemeinde

Besorgen Sie sich Informationen über den Finanzhaushalt Ihrer Gemeinde (durch Ihren Kirchmeister/Gemeindekassierer oder Kopien des Haushaltsplanes vom letzten Jahr).

Versuchen sie in Kleingruppen folgende Fragen zu beantworten:

- Wie hoch waren im letzten Jahr die Gesamtausgaben der Gemeinde?
- Wie viel macht das pro Woche?
- Welches sind die fünf größten Posten im Haushalt?
- Wie viel Geld hat die Gemeinde im letzten Jahr für andere Projekte und Missionsarbeit bereitgestellt?
- Wie hoch ist der Etat dieses Jahr?
- Wie viel hat die Gemeinde im letzten Jahr an Geldern erhalten?
- Wie viel macht das pro Woche?
- Welcher Anteil der Einnahmen im Gemeindehaushalt kommen von Spenden durch Gemeindeglieder?
- Wie viel wurde der Gemeinde von den Kirchensteuereinnahmen zugeteilt?

Dies können Sie besprechen: Wie hoch sollten die Kirchensteuern sein? Wie viel sollten die Gemeindeglieder an die eigene Gemeinde spenden?

6. Geben will gelernt sein.

Wenn ein Mensch zum Glauben kommt, verändert sich häufig seine Einstellung zum Geld. Die eigene Gemeinde gewinnt an Bedeutung und der Wunsch, die Gemeindearbeit und Missionsarbeit finanziell zu unterstützen, wächst. Wichtig ist, dass Sie auch dieses Thema mit Gott im Gebet besprechen. Außerdem sollten Sie mit Ihrer Familie darüber sprechen. Wenn der Rest Ihrer Familie nicht gläubig ist, wird das natürlich auch einen Einfluss darauf haben, wie viel Sie spenden können. Gott kennt uns und unsere Situation. Wir dürfen uns ihm anvertrauen, und er setzt uns nicht unter Druck.

Die Art und Weise, wie wir spenden, kann sich folgendermaßen verändern:

- Gelegentliches Spenden.
- Verantwortliches und regelmäßiges Geben.
- Regelmäßiges Spenden im Verhältnis zu unserem Einkommen.

7. Und so wird's gemacht!

Sie können auf verschiedene Weise Geld spenden:

- Geld in die Kollekte tun.
- Größere einzelne Beträge geben oder überweisen - dafür können Sie eine Spendenbescheinigung bekommen.
- Daueraufträge bei Ihrer Bank einrichten.

Schritte auf dem Weg

Wir wollen diese Woche Gott für all das danken, was er uns gegeben hat. Wir wollen auch unsere eigene Einstellung zu Besitz und Geld im Gebet vor Gott prüfen. Es ist gut, wenn wir konkrete Schritte unternehmen, um das, was uns wichtig geworden ist, in die Tat umzusetzen.

14.
Gottes Liebe verändert unsere Beziehungen

1. Du und die Deinen

Tauschen Sie sich in Kleingruppen darüber aus, welche Menschen Ihnen in Ihrem Leben am nächsten standen. Sind darin auch folgende Personen eingeschlossen?

Sprechen Sie in der Gruppe über folgende Frage:

Warum finden viele Menschen gerade die Beziehung zu diesen Personen oft so schwierig?

2. Beziehungen: Liebe geben und Liebe annehmen

Wir erleben die größte Freude in Beziehungen zu anderen Menschen.

Gerade hier erleben wir aber auch die tiefsten Verletzungen.

Die Freude und das Leid erleben wir, weil wir für diese Menschen Freund oder Freundin, Ehefrau oder Ehemann, Kind oder Elternteil sind.

In dem Maße, wie Christus uns verändert und wir anfangen, nach seinem Willen zu leben, sollten sich auch unsere Beziehungen verändern.

In der Welt ist mit dem Wort „Liebe" vieles gemeint.

Unsere Beziehungen untereinander sollten jedoch von der Liebe geprägt sein, die Jesus uns vorgelebt hat.

Paulus beschreibt in dem berühmten Kapitel über die Liebe (1. Korinther 13), was Liebe bedeutet, wenn sie von der selbstlosen Hingabe Jesu geprägt ist.

3. Bibelarbeit

Lesen Sie 1. Korinther 13 und denken Sie zunächst im Stillen einige Minuten darüber nach.

- Lesen Sie den Text zunächst so, wie er geschrieben ist.
- Ersetzen Sie nun beim zweiten Lesen das Wort Liebe durch den Namen Jesus. Inwiefern verändert sich dadurch ihr Bild von Jesus?
- Lesen Sie den Text ein drittes Mal durch. Ersetzen Sie nun das Wort Liebe durch Ihren eigenen Namen. Was lernen Sie dabei über sich selbst?

Besprechen Sie anschließend den Text in Kleingruppen. Tauschen Sie dabei die Gedanken aus, die Sie beim zweiten und dritten Lesen des Textes hatten.

Was können wir aus dem Text über die Liebe in der Ehe und im Familienleben lernen?

Was sagt uns der Text über das Erwachsenwerden?

Welcher Vers spricht Sie am meisten an?

4. Gute Beziehungen aufbauen

Wir können durch unser Verhalten und durch Dinge, die wir tun, dazu beitragen, gute Beziehungen aufzubauen. Das gilt für Freundschaften, Ehen und Eltern-Kind-Beziehungen.

Gutes „Baumaterial“ bekommen wir z.B. durch Folgendes:

- Zeit gemeinsam gut gestalten.
- Einander zuhören.
- Einander Anteil geben an guten und schlechten Erlebnissen.
- Jedem erlauben, so zu sein, wie er ist.
- Gegenseitige Wertschätzung zeigen, die auch in Worten ihren Ausdruck findet.

Welche weiteren „Bauelemente“ können wir dieser Liste noch hinzufügen?

5. Störfaktoren in Beziehungen

Unsere Beziehungen zu anderen Menschen werden durch verschiedene Faktoren gestört und gefährdet. Die hier genannten sind die häufigsten Ursachen für Verletzungen in Beziehungen.

Denken Sie in Kleingruppen darüber nach und versuchen Sie praktische Beispiele für jeden Störfaktor zu finden. Sammeln Sie Vorschläge, wie man diese Probleme in Beziehungen überwinden kann.

- Stolz
- Mangelnde Bereitschaft zur Vergebung
- Furcht
- Eifersucht

6. Wenn Beziehungen scheitern

Viele Menschen, die zum Glauben kommen, haben gescheiterte Beziehungen hinter sich. Häufig bleiben tiefe innere Verletzungen zurück aus Beziehungen:

- zu den Eltern
- zu den Kindern
- zum Ehepartner
- zu Freunden

Manchmal erleidet man auch, nachdem man Christ geworden ist, tiefe persönliche Verletzungen in Beziehungen zu anderen Menschen.

Christus kann diese inneren Verletzungen heilen und in Ordnung bringen. Es gehört zum Wachsen im Glauben dazu, dass vergangene Verletzungen wieder an die Oberfläche kommen. Wir haben dann die Möglichkeit, die Dinge vor Gott zu bringen, so dass er diese Verletzungen heilen kann. Dieser innere Heilungsprozess wird manchmal als innere Heilung bezeichnet.

Im Kern der inneren Heilung steht die Vergebung. Wir empfangen Vergebung für das, was wir anderen angetan haben, und lernen dadurch, anderen zu vergeben, die uns Unrecht zugefügt oder tief verletzt haben.

Wenn wir jemandem vergeben, lassen wir alle Bitterkeit, Schmerzen und Wut los, die wir vielleicht jahrelang mit uns herumgetragen haben.

Wir sagen damit nicht: „Was der oder die getan hat, ist egal“, und wir sagen auch nicht: „Was der oder die getan hat, ist richtig.“ Wir sagen vielmehr Folgendes: „Was der oder die mir angetan hat, war falsch und hat mich tief verletzt. Aber im Namen Jesu vergebe ich ihm/ihr trotzdem."

Vergebung ist wie das Reinigen einer Wunde – die Entzündung klingt ab und die Wunde kann dann im Laufe der Wochen und Monate heilen. Die Wunde eitert nicht mehr und muss nicht mehr offen bleiben.

Die geheilte Verletzung, die vergebene Sünde wird in unserem Leben die Stelle, wo die Kraft Christi uns in besonderer Weise stärkt. In einem Bild gesprochen ist dies der Ort, wo über unserer Schwachstelle ein Zelt aufgeschlagen wird (2. Korinther 12,19). Die vernarbte Haut ist dicker und stärker als die unverletzte Haut an dieser Stelle war.

> „Auch wenn die Wunden geheilt sind, sieht Gott dennoch die Wunden der Seele. Doch er sieht sie nicht als Wunden, sondern als ehrenwerte Narben ... Unser liebevoller Herr möchte nicht, dass seine Diener verzweifeln, auch dann nicht, wenn sie häufig und heftig straucheln. Unser Fehlen kann seine Liebe nicht aufhalten. Friede und Liebe sind immer in uns am Werk, aber wir leben nicht immer in Frieden und in Liebe. Doch er möchte, dass wir dadurch erkennen, dass er die Grundlage unseres Lebens in Liebe gelegt hat, und darüber hinaus unser ewiger Schutz und unsere starke Hilfe ist.„
>
> Julian von Norwich, *Revelations of Divine Love*, Kapitel 39

7. Gott näher kommen

Wachstum im Glauben geschieht, wenn unsere Liebe zu Gott wächst und wir mehr und mehr begreifen, wie sehr Gott uns liebt.

Denken Sie über die folgenden Fragen einige Minuten im Stillen nach. Soweit Sie möchten, können Sie sich anschließend in Kleingruppen darüber austauschen.

- Gibt es Menschen, denen Sie noch nicht vergeben haben, und denen Sie nun gerne vergeben möchten?
- Welche Schritte wollen Sie in Bezug auf diese Menschen gehen?
- Fällt es Ihnen schwer zu glauben, dass Gott Sie liebt?

Schritte auf dem Weg

Das Gebet ist ein weiterer „Baustein" für gute Beziehungen. Wir können Gott jeden Tag danken für die Menschen, die uns besonders nahe stehen. Es ist gut, wenn wir uns angewöhnen, regelmäßig die Namen dieser Menschen in unserer Fürbitte vor Gott zu bringen.

Bitten Sie darum, dass Gott Ihnen die Bereiche in Ihrem Leben zeigt, wo Sie noch vergeben lernen müssen oder wo Sie innere Heilung brauchen.

15.
Komm, geh mit mir in das Land!

1. *Warum* sollen wir anderen von unserem Glauben erzählen?

Sprechen Sie in Kleingruppen über folgende Fragen:

– Warum sollten Christen bereit sein, anderen von ihrem Glauben zu erzählen?
– Was hindert uns daran, von unserem Glauben in guter Weise zu reden?
– Welche Gefühle kommen in uns hoch, wenn wir uns vornehmen, mit jemandem, den wir kennen, über den Glauben zu sprechen?
– Inwieweit ist das Reden vom Glauben Aufgabe einzelner Menschen und in wieweit ist die Kirche gefordert?

Machen Sie sich zuerst Stichpunkte und tauschen Sie sich dann in der Gruppe darüber aus.

2. *Was* wollen wir *weitersagen*?

Denken Sie gemeinsam über den Inhalt der guten Botschaft nach, die wir anderen weitersagen wollen.

Wie würden Sie die Botschaft zusammenfassen?

Formulieren Sie in kleinen Gruppen eine Zusammenfassung und schreiben Sie diese in den Kasten. Versuchen Sie die Zusammenfassung nach den vier Punkten zu gliedern. Danach kann die ganze Gruppe eine gemeinsame Zusammenfassung in den zweiten Kasten schreiben.

ZUSAMMENFASSUNG DER KLEINGRUPPE

Gott – seine Liebe zu uns
Unsere Not
Jesus – Gottes Hilfe
Unsere Antwort

ZUSAMMENFASSUNG DER GESAMTGRUPPE

Gott – seine Liebe zu uns
Unsere Not
Jesus – Gottes Hilfe
Unsere Antwort

3. *Wie* können wir andere auf den Weg zum Glauben einladen?

DURCH GEBET

Am besten gewinnen wir Menschen für den Glauben an Jesus Christus nicht durch Argumentation oder Über-redungskunst oder gar, indem wir Druck ausüben, sondern indem wir für sie beten. Beten Sie regelmäßig für Ihre Familie und Freunde. Wenn Sie sich einem kleinen Gebetskreis anschließen können, ist dies eine gute Unterstützung im Gebet. Wenn beispielsweise drei Menschen sich regelmäßig zum Beten treffen und jeder drei Namen für die Fürbitte nennt, dann wird in dieser kleinen Gebetszelle regelmäßig für neun Menschen gebetet. Zudem betet diese Gruppe unter der Verheißung, dass Gott ihr Gebet erhört.

DURCH UNSEREN LEBENSSTIL

Die zweitbeste Möglichkeit, Menschen zum Glauben einzuladen, ist unsere Lebensweise, und zwar besonders unser Verhalten denen gegenüber, die uns am besten kennen, d.h. zu Hause und am Arbeitsplatz. Wenn unser Leben Jesus Christus nicht widerspiegelt oder wenn unsere Lebensweise nicht mit dem Evangelium übereinstimmt, wird das, was wir sagen, die Menschen eher vom Glauben abhalten als sie dafür gewinnen. Wir sind aufgerufen, mit unserem Lebensstil Zeugen für die Frohe Botschaft zu sein. Jesus will, dass wir füreinander da sind und für die Menschen um uns herum.

> „Jeder weiß auch, dass ihr selbst ein Brief Christi seid, den wir in seinem Auftrag geschrieben haben; wenn auch nicht mit Tinte, sondern mit dem Geist des lebendigen Gottes, nicht auf steinerne Gesetzestafeln wie bei Mose, sondern in eure lebendigen Herzen."
>
> 2. Korinther 3,3

DURCH DAS, WAS WIR SAGEN

Wenn wir für andere beten und wenn unser Lebensstil dem Evangelium entspricht, werden sich Situationen ergeben, in denen wir von unserem Glauben reden können.

Eine gute Möglichkeit, den Glauben zu bezeugen, ist zu erzählen, wie man selbst zum Glauben gekommen ist.

Wenn Sie mit anderen über den Glauben sprechen, denken Sie daran, dass „Zum-Glauben-kommen" immer ein Prozess ist, ein Weg, zu dem Menschen sich aufmachen. Unsere Aufgabe ist (meistens) nicht, sie den ganzen Weg zum Glauben zu führen, sondern sie auf einem Wegabschnitt zu begleiten. Denn dies geschieht gemeinsam mit anderen und eingebunden in die Gemeinschaft der Christen.

INDEM WIR MENSCHEN AUF ANDERE CHRISTEN HINWEISEN

Oft haben wir vielleicht den Eindruck, dass wir nicht sehr gut erklären können, was wir glauben, und uns fallen nicht die richtigen Worte ein. Dann können wir z.B. ein Buch, das uns geholfen hat, oder eine Kassette weitergeben. Wir können außerdem einladen zu besonderen Veranstaltungen oder Gottesdiensten und wir können den Menschen Hinweise geben, wo sie sich hinwenden können, wenn sie mehr über den Glauben erfahren wollen.

4. Unser persönlicher Weg zum Glauben

Denken Sie im Stillen noch einmal darüber nach, wie Sie Christ geworden sind.

Gehen Sie nun zu dritt in eine Gruppe und erzählen Sie sich, wie Ihr Weg zum Glauben verlief. Jeweils nachdem einer aus der Gruppe seine „Geschichte" erzählt hat, sollten die anderen zwei die Möglichkeit haben zu sagen, was sie an dem Bericht interessant fanden.

Machen Sie hier einige Stichpunkte zu Ihrem persönlichen Weg zum Glauben:

5. Wem können wir vom Glauben erzählen?

Kennen Sie jemanden, der Interesse am christlichen *Glauben* haben könnte?

Machen Sie eine Liste mit den Namen der Menschen, die Sie kennen (zu Hause, am Arbeitsplatz, in der Schule, in der Stadt, wo Sie wohnen).

Wählen Sie von dieser Liste drei Personen aus. Erzählen Sie den anderen in Ihrer Kleingruppe von diesen Menschen und überlegen Sie sich, wie Sie diesen drei Menschen vom Glauben erzählen können.

Schritte auf dem Weg

Denken Sie zu Hause noch einmal über die Punkte nach, die bei diesem Treffen besprochen wurden. Bringen Sie die Menschen, die Sie kennen, im Gebet vor Gott und beginnen Sie für drei von ihnen zu beten.